中等职业学校汽车制造与检修专业新课程教学用书

整车电气系统装配

ZHENGCHE DIANQI XITONG ZHUANGPEI

王利容　邱志华◎主编

人民交通出版社股份有限公司
China Communications Press Co.,Ltd.

内容提要

以雅阁轿车为例，本书在结构上基于汽车整车制造企业的总装车间电装生产线、内装生产线、外装复合生产线典型的工作任务进行设计，共设五个项目，涵盖了整车主线束、发动机舱部件、安全辅助系统部件、风机及仪表板总成、车身外围件的装配。

本书既可作为中等职业学校汽车制造类专业学生的教学用书，也可以作为汽车制造企业职工技能的岗位培训用书和其他从事相关专业人员的参考书。

图书在版编目(CIP)数据

整车电气系统装配 / 王利容，邱志华主编. —北京：人民交通出版社股份有限公司, 2015.2（2025.1重印）

ISBN 978-7-114-11969-9

Ⅰ.①整… Ⅱ.①王…②邱… Ⅲ.①汽车—电气系统—装配（机械）—中等专业学校—教材 Ⅳ.①U463.6

中国版本图书馆CIP数据核字(2015)第032722号

Zhengche Dianqi Xitong Zhuangpei

书　　名：	整车电气系统装配
著 作 者：	王利容　邱志华
责任编辑：	林宇峰　李　洁
出版发行：	人民交通出版社股份有限公司
地　　址：	（100011）北京市朝阳区安定门外外馆斜街3号
网　　址：	http://www.ccpcl.com.cn
销售电话：	（010）85285911
总 经 销：	人民交通出版社股份有限公司发行部
经　　销：	各地新华书店
印　　刷：	北京虎彩文化传播有限公司
开　　本：	880×1230　1/16
印　　张：	12.75
字　　数：	305千
版　　次：	2015年2月　第1版
印　　次：	2025年1月　第2次印刷
书　　号：	ISBN 978-7-114-11969-9
定　　价：	40.00元

（有印刷、装订质量问题的图书由本公司负责调换）

中等职业学校汽车制造与检修专业新课程教学用书
编 委 会

主 任 委 员： 刘建平　胡学兰

副主任委员： 张燕文　谢彩英

顾　　　问： 武　华

编　　　委： 刘付金文　陈佩娜　林志伟　邱志华
　　　　　　　柳　洁　李华芳　王利容　饶敏强
　　　　　　　黄丽丹　李　军　付志光　钟启成
　　　　　　　周　麟　唐金友　张炳南　蔡　颖
　　　　　　　黄鉴全　陈真雄　谢克勇　辛　健
　　　　　　　赵伟秀　邱伟杰　冯明杰　黄凤环
　　　　　　　黎志浩

序
INTRODUCTORY

2009年以来，我国汽车产销量一直位列全球第一，稳居全球最大的一手车市场。广州作为全国重要的乘用车生产基地，聚集了广汽丰田、广汽本田、东风日产等合资企业和广汽集团乘用车有限公司等自主品牌企业。近年来职业院校为我国汽车制造行业提供了强有力的人力资源支撑，但职业院校培养的毕业生与汽车制造企业对一线技术工人的要求相比，仍存在职业能力、职业素养等方面的差距，职业学校必须与行业骨干企业开展深度合作，共同培养专业教师，开发专业核心课程，规划和建设专业教学环境，进一步完善专业课程教学中所需的教材，使之更加适应中职学生培养定位、符合中职学生认知规律、满足汽车制造企业需求。

好的教材必须具有适应企业岗位需求的学习内容并同时适合中职学生的学习方式，为此，我校汽车制造与检修专业的教师虚心学习省内外优秀职业院校在专业定位、课程体系建设、专业课程开发和校企合作等方面的经验，参访广州市各大汽车制造企业及员工培训中心，学习企业先进的员工培训经验和做法。该系列教材针对中职学生的培养目标，选取汽车制造生产一线的典型工作任务并进行教学化处理，对汽车系统结构、系统原理、制造工艺、检测工艺、工量具使用、质量标准、技术资料查阅、作业指导书、安全生产和劳动组织方式等学习内容进行科学整合，形成相应的学习任务，将专业能力与关键能力培养、学习过程与工作过程融为一体，充分体现"做中学"、"学中做"和快乐学习的理念，将必要的理论知识结合在实践过程中进行"理实"一体化的学习，学习任务体现完整的行动过程。在学习过程中培养学生良好的质量意识、成本意识、效率意识，以及安全生产、规范操作、精益求精、团结协作的汽车制造企业一线技术人员所需的综合职业素养。学校与广汽丰田、广州本田和广汽集团乘用车有限公司等汽车制造企业建立了深度的校企合作关系，在此基础上开发的该系列教材作为我校创建国家改革发展示范校重点建设专业的重要成果得到了评估专家和汽车制造企业技术人员的一致好评。

我深深地为这套凝聚了学校教师与企业技术人员共同智慧结晶的教材感到由衷的欣慰，对企业相关技术人员以及撰写教材的每一位教师表示衷心的感谢。希望这套教材能为汽车制造与检修专业课程的改革提供积极而富有价值的尝试，促进区域经济建设和汽车制造与检修职业教育的发展。

广州市交通运输职业学校校长　刘建平

2015 年 1 月 19 日于广州

前 言
PREFACE

本书以满足汽车制造企业对高素质技能型人才的要求,服务于社会经济发展为原则,凸显了课程改革新思路,体现了中等职业教育服务于汽车制造企业技能型人才需求的特色。

以雅阁轿车为例,本书在结构上基于汽车整车制造企业的总装车间电装生产线、内装生产线、外装复合生产线典型的工作任务进行设计,共设五个项目,涵盖了整车主线束、发动机舱部件、安全辅助系统部件、风机及仪表板总成、车身外围件的装配。

本书在每个项目中设计了若干个具体的任务,每个任务步骤清晰,与生产实践结合非常紧密;任务设计的知识点由浅入深,循序渐进,让学生带着任务去探索学习,并使学生在完成任务的过程中学习汽车电气系统部件的结构、工作原理、装配工艺、工具使用等知识与技能,培养学生实际操作能力、掌握学习方法、养成良好的学习习惯。

本书配套的教学环境和组织形式建议为:实训室配置车身、各项目装配用零部件、零件架及工具等。每个教训班配备2~3名理实一体化教师(其中一名教师担任主讲教师)。根据学校教学设备的实际情况将每班学生分为4~8组进行分组教学,在主讲教师的具体组织下开展教学。

本书由王利容、邱志华任主编,同时负责全书统稿。项目1的任务1、任务2由王利容编写;项目2的任务1、任务2由王利容编写,任务3由邱志华编写;项目3的任务1、任务2、任务3由唐金友编写;项目4的任务1、任务2由唐金友编写;项目5的任务1由周麟编写,任务2由王利容编写。

本书在编写过程中得到了广东省汽车整车与零部件制造企业技术专家的

大力帮助和支持,参考了多本相关书籍和大量汽车制造与检修资料,在此对参考文献的作者和企业相关人员一并表示衷心的感谢。

由于编者水平有限,书中难免存在疏漏和错误之处,敬请各位读者批评指正。

编者
2014 年 10 月

目 录
CONTENTS

项目1　整车线束装配 ··· 1

　　任务1　发动机舱线束装配 ··· 2

　　任务2　地板线束装配 ·· 22

项目2　发动机舱部件装配 ··· 38

　　任务1　蓄电池及喇叭部件装配 ·· 39

　　任务2　发动机舱制动部件装配 ·· 52

　　任务3　发动机舱散热器总成装配 ··· 68

项目3　风机及仪表板总成装配 ·· 78

　　任务1　风机总成装配 ·· 79

　　任务2　仪表板总成装配 ·· 99

　　任务3　空调控制系统电路图的识读 ··· 112

项目4　安全辅助系统部件装配 ·· 124

　　任务1　安全气囊部件装配 ··· 125

　　任务2　整车座椅装配 ·· 143

项目5　车身外围件装配 ·· 153

　　任务1　刮水器/清洗器部件装配 ·· 154

　　任务2　车外照明及保险杠部件装配 ··· 165

附录 ·· 185

参考文献 ·· 192

项目1 整车线束装配

 项目目标

1. 认识整车电气系统和汽车电路的组成;
2. 认识线束、搭铁、连接器及其连接方法;
3. 叙述继电器、熔断丝等电路中间装置功能及工作原理;
4. 识读简单汽车电路图,叙述整车主线束连接的常见电气元件;
5. 识读作业指导书,正确布置和固定整车五大线束,规范完成整车线束装配及检查;
6. 提出线束装配作业的注意事项及控制作业不良的方法。

 项目描述

汽车线束是汽车电路的网络主体,连接汽车的电气电子部件并使之发挥功能,在汽车的整个构造中有着不可或缺的重要地位。如图1-1所示,请按照作业指导书正确完成整车主要线束的装配与检查。

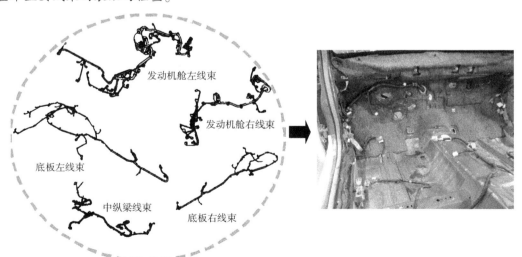

图1-1 整车主线束装配

建议学时:16学时。

任务1　发动机舱线束装配

> ▷ **任务目标**
> 1. 认识汽车导线、线束、连接器、发动机罩下继电器/熔断丝盒、搭铁及整车主线束；
> 2. 能按工艺要求使用工具正确装配发动机舱左线束、右线束；
> 3. 能按发动机舱线束走向说明其连接的相关电气元件。
>
> 建议学时：8 学时。
>
> ▷ **任务描述**
>
> 根据图 1-2 所示发动机舱左线束安装图，制订发动机舱线束装配计划并正确完成发动机舱左线束的装配。
>
>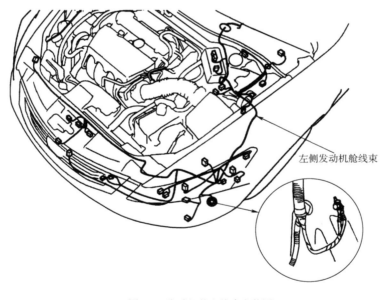
>
> 图 1-2　发动机舱左线束安装图

发动机舱线束包括发动机舱左线束和右线束，连接着制动主缸总成、防抱死制动系统（以下简称 ABS）主缸总成、散热器总成、发动机附件等电气设备，直接影响着整车电气设备的使用。

一、学习准备

1. 汽车线束通常被认为是一辆车的"中枢神经"系统，没有线束也就不存在汽车电路。那么汽车有哪些主要线束？可参照何种图形在汽车总装线上给车体装配各线束？

1. 整车线束的布局与分类

随着汽车电子控制系统功能的增加，汽车上的电控单元遍布于汽车的每一个角落，这些电控单元交换信息的载体就是线束。所以，确定线束的走向和合理的分段设计，配备具有优质传输性能的汽车线束，对于保证汽车的正常运转非常重要。

整车线束的分段式设计，就是根据电器件的类型和在汽车上的位置，将线束分成若干根。理论上讲，一根线束连接所有的电器件是最合理的，但实际组装时是根本做不到的，所以线束要合理分段，在方便装配的情况下，尽量采用系统化设计。

如图1-3所示为某车型整车上的部分线束。

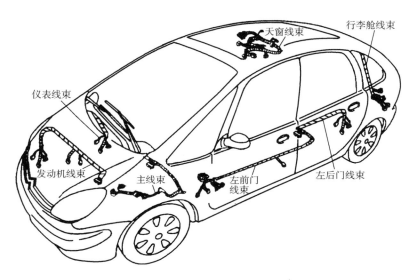

图1-3 某车型整车上的部分线束

整车线束有主线束及分支线束，一条整车线束有多条分支线束，就好像树干与树枝一样。整车主线束往往以仪表板为核心部分，前后延伸。由于长度关系或为装配方便等原因，一些汽车的线束分成车头线束（包括仪表、发动机、前照灯总成、空调、蓄电池）、车尾线束（尾灯总成、牌照灯、行李舱灯）、蓬顶线束（车门、顶灯、音响喇叭）等。

整车线束一般主要是由以下线束组成。

（1）发动机线束，连接发动机上的各种传感器和执行器，围绕在发动机的周围。

（2）仪表板线束，与车身或者底盘线束连接，沿着管梁行走连接仪表板上的各种电器件，如组合仪表、空调开关、收放机、点烟器等。

（3）车身线束，一般是从驾驶室的左侧贴着地板行走，连接油箱传感器和后尾灯。

（4）门线束，连接门内板上的所有电器件，如中控锁，车窗升降器，扬声器等。

（5）前围线束，从驾驶室过来，沿着翼子板和前保险杠骨架连接前围的电器件，如侧转向灯和前组合灯，喇叭、电控风扇等。

本书按广汽本田汽车有限公司总装工艺将整车主线束分成5大部分：发动机舱左线束、发动机舱右线束、左地板线束、中纵梁线束（也称为SRS地板线束）、右地板线束。

2. 线束图

线束图是一种突出装配记号的电路表现形式,常用于汽车厂总装线和修理厂的安装、配线、检测与维修作业。

小词典

线束图主要表明线束各用电器的连接部位、接线柱的标记、线头、插接器(连接器)的形状及位置等,它是人们在汽车上能够实际接触到的汽车电路图。

如图1-4所示,线束图的特点是一般不去详细描绘线束内部的电线走向,只将露在线束外面的线头与插接器用详细编号或用字母标记。

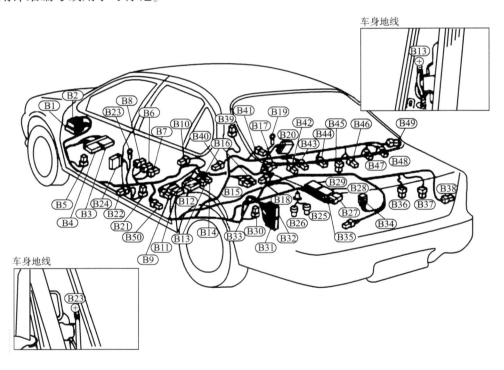

图1-4 某车型线束图

2. 任何电气设备和电控设备要想获得电源供应,中间装置的连接必不可少。汽车上常见的连接电气设备和电源的中间装置有哪些?它们分别有什么作用?

汽车上常用汽车线束、开关装置、保险装置、继电器、连接器和连接端子等中间装置连接电源和电气设备,这些中间装置的选用和装配直接影响到用电设备的运行状态。

1. 导线与线束

(1)汽车用导线。汽车用导线(图1-5)有低压导线、高压导线和搭铁线3种,前两种均采用铜质多芯软线,搭铁线形式与普通导线有所不同,一般是扁平的铜质或铝质编织线,电流承载量大。

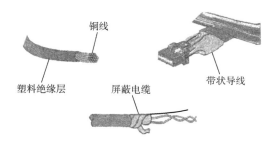

图 1-5 导线

小词典

单色导线：绝缘表面为一种颜色的导线。
双色导线：绝缘表面为两种颜色的导线。
主色：双色导线中面积比例大的颜色。
辅助色：双色导线中面积比例小的颜色。

导线颜色的选用应优先选用单色，再选用双色。导线颜色的标注用颜色代号（英文字母）表示，如单色导线，颜色为红色，标注为"R"；双色导线中所占比例大的颜色称为主色，所占比例小的颜色称为辅助色。双色线的标注，第一个代号为主色，第二个代号为辅助色，如"RW"表示主色为红色，辅助色为白色。各国表示的字母有区别（表1-1），原则上同一护套内不能有相同线色，但若线径差别大可以考虑使用。由于日久、高温会使导线绝缘层老化、褪色，此时，黄、白、粉、灰不易分辨，蓝、绿也易混淆，所以某些车会在导线绝缘层上印刷出颜色代码，以便查找导线。

主要汽车制造公司导线颜色代码　　　　　　　　　　　　　　　　　表1-1

颜色\车型	全称	丰田	本田	通用	福特	克莱斯勒	宝马	奔驰	三菱
黑色	Black	B	BLK	BLK	BK	BK	BK	SW	B
棕色	Brow	BR	BRN	BRN	BR	BR	BR	BR	BR
红色	Red	R	RED	RED	R	RD	RD	RT	R
黄色	Yellow	Y	YEL	YEL	Y	YL	YL	GE	Y
绿色	Green	G	GRN	GRN	GN		GN	GN	G
蓝色	Blue	L	BLU	BLU	BL		BU	BL	L
紫罗兰色	Violet	V			VT		VI	VI	V
灰色	Grey	GR	GRY	GRY	GY	GY	GY	GR	GR
白色	White	W	WHT	WHT	W	WT	WT	WS	W
粉红色	Pink	P	PNK	PNK	PK	PK	PK		P
橙色	Orange	O	ORN	ORN	O	OR	OR		O
褐色	Tan				TAN	T	TN	TN	

续上表

车型 颜色	全称	丰田	本田	通用	福特	克莱斯勒	宝马	奔驰	三菱
本色	Natural				N				
紫红色	Purple			PPL	P				
深蓝色	Dark Blue			DKBLU		DB			
深绿色	Dark Green			DKGRN		DG			
浅蓝色	Light Blue			LTBLU		LB			SB
浅绿色	Light Green			LTGRN		LG			LG
透明色	Clear			CLR					
象牙色	Ivory							EI	
玫瑰色	Rose							RS	

注:"奔驰"一栏中的代码为奔驰、大众等德国车系电线颜色代码。

导线的线径一般用数字表示,数字大小代表导线的横截面面积。导线的截面积根据工作电流的大小来选取,不同粗细的导线,允许流过电流不同。

 小提示

导线的截面积标注在颜色代码前面,单位为毫米时不标注,如:1.25R 表示导线截面积为 $1.25mm^2$ 的红色导线;1.0GY 表示导线截面积为 $1.0mm^2$ 的双色导线,主色为绿色,辅助色为黄色。

(2)汽车线束。

 小词典

线束:为了不使全车电线零乱,便于安装和保护绝缘,一般都将同路的不同规格的导线通过合理的安排,用绝缘材料捆扎成线束。

线束由导线、端子、插接器、护套等组成。端子一般由黄铜、紫铜、铅材料制成,它与导线的连接采用冷铆压合而成。汽车线束是汽车电路的网络主体,连接汽车的电气电子部件并使之发挥功能,没有线束也就不存在汽车电路。

如图1-6所示为雅阁轿车发动机舱左线束和右线束。线束分一根整体线束,其上又分为若干分支,它们将连接到车辆的电源或其他用电设备,形成一个完整的系统。

汽车线束从功能上来分,有运载驱动执行元件(作动器)电力的电力线和传递传感器输入指令的信号线二种。电力线是运送大电流的粗电线,而信号线是不运载电力的细电线(光纤维通信)。

项目1 整车线束装配

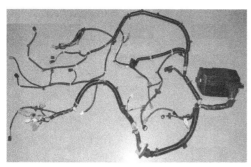
a) 发动机舱左线束

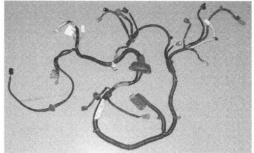
b) 发动机舱右线束

图1-6 雅阁轿车发动机舱线束

小提示

汽车线束对材料的要求非常严格,包括其电器性能、材料散发性、耐温性等,都比一般的线束要求要高,特别是涉及安全方面的,如转向控制系统、制动系统这些重要组件的线束,要求更为严格。

线束的保护形式包括PVC胶带、PVC管、波纹管等。

2. 连接器

小词典

连接器:也称为插接器,用于线束与线束或导线与导线之间的相互连接,即连接两个有源器件的零件,传输电流或信号,而使电流流通,使电路实现预定的功能。

连接器由导线端子和壳体组成,如图1-7所示。连接器端子由表面镀锡(或镀银)的铜片制成,有柱状(钉状)或片状两类。为保证连接可靠,连接器设有锁止装置。

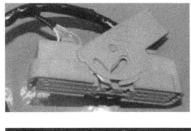 

图1-7 各种形式的汽车连接器

(1)连接器的识别方法。

现在汽车普遍采用插接式连接器,由阴阳两部分组成,分别称为插座和插头。连接器的图形符号和实物对照如图1-8所示。符号涂黑的表示插头,白色的表示插座。

(2)连接器的连接方法。

连接器接合时,应把连接器的导向槽重叠在一起,使插头和插座对准,然后平行插入即可十分牢固地连接在一起。连接器连接后,其导线的连接如图1-8所示,如插头①与插孔①是相配合的,其余依此类推。

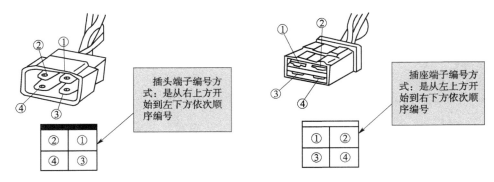

图1-8 连接器的形状、图形符号

3. 熔断丝/继电器盒

熔断丝/继电器盒也称为中央配电盒或中央接线盒,是汽车电路的保护及控制的核心部件。如图1-9所示为本田雅阁轿车发动机罩盖下熔断丝/继电器盒。

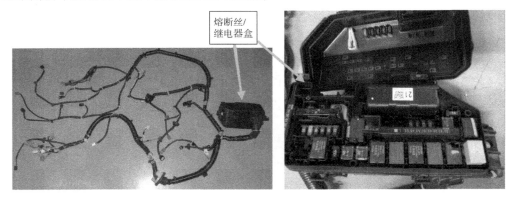

图1-9 发动机罩下熔断丝/继电器盒

熔断丝常与继电器组装在一起,一般安装在仪表板附近或发动机罩下面的中央接线盒内,构成全车电路的中央接线盒。雅阁轿车分别在发动罩下、驾驶员侧仪表板下、乘客侧仪表板下共安装有3个熔断丝/继电器盒。

大部分熔断丝和继电器都安装在中央接线盒正面,在线路发生故障时便于维修和更换。主线束从中央接线盒背面插接后通往各用电设备。

(1)熔断丝。

熔断丝也称为熔断器,主要由熔体和安装熔体的绝缘管(绝缘座)组成,用于对局部电路进行短路保护或严重过载保护,能长时间承受额定电流负载,如果电路负载过大,当通过熔断丝的电流大于规定值时,熔断丝会熔断而自动分断电路,以防止损坏整个线束。

熔断器的额定电流值的选择要保证用电器能正常工作,即熔断器的额定电流值要大于用电器的额定工作电流,但在用电器发生过载时要及时熔断,所以熔断器的额定电流值也不能选择过大。按对应熔断丝/继电器盒盖内侧的说明中标定的额定电流值选择适当的熔断丝,熔断器与其额定电流值标注如图1-10所示。也可在熔断丝盒盖上查看额定安培值。

图1-10 熔断器与其额定电流值标注

小提示

在汽车行驶中,如有任何电气部件不工作,则可能是熔断丝已熔断。此时,必须检查并更换熔断丝。当发现线路中的熔断丝熔断后,应首先检查相应的电路是否存在问题,在排除故障后,再更换相应规格的熔断丝。

(2)继电器。

①继电器的结构。如图1-11所示,继电器一般由铁芯、线圈、衔铁、触点簧片等组成的。

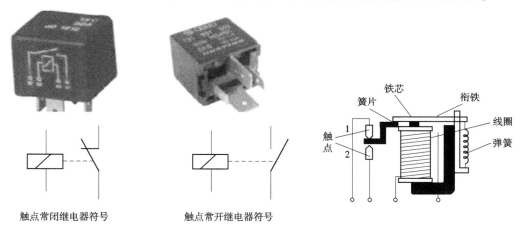

图1-11 继电器符号及结构图

②继电器的工作原理与作用。在汽车电路中,应用大量的继电器来控制电路的导通与截止。

汽车上的继电器有很多种,常见的有三类:常开继电器、常闭继电器和常开常闭混合型继电器。继电器线圈未通电时处于断开状态的静触点一般称为"常开触点";处于接通状态的静触点一般称为"常闭触点"。汽车上的4个接脚继电器一般是常开触点的,有两个接脚是与线圈相连,接控制端的;另两个接脚是与触点相连,接负载端的。

继电器的工作原理是当电磁线圈通电时,产生磁场,吸引衔铁活动,使常闭触点断开,常开触点闭合。

通过吸合、释放，继电器可以控制电路的接通与切断，它是一种利用小电流来控制大电流电路的电磁开关。

二、计划与实施

3.涂装工艺完成后的"白车身"通过传送带被运进了总装车间后，怎样进行发动机舱线束的装配？发动机舱线束连接着哪些电气元件？

本书装配车辆均以广汽本田第八代雅阁车型为例，防护用具和使用工具分别见表1-2和表1-3。

防 护 用 具　　　　　　　　　　　　　　　　　　表1-2

防护用具	🪖	🖐	🖐	👞			
名称	安全头盔	棉手套	尼龙手套	安全鞋	袖套	耳塞	防护眼镜

使 用 工 具　　　　　　　　　　　　　　　　　　表1-3

序号	图 例	名称	应 用
1	（风动扳手图）	风动扳手	风动扳手使用压缩空气，并用于拆卸和更换螺栓/螺母。能提高工作效率
2	（套筒扳手、梅花扳手、开口扳手图）	手动工具	用于拆下和更换螺栓/螺母或拆下零件，通常使用成套套筒扳手。如果由于工作空间限制不能使用成套套筒扳手，可按其顺序选用梅花扳手或开口扳手
3	（起子图）	起子	用于拆卸线束胶钉

1. 发动机舱左线束装配

（1）制订发动机舱左线束装配计划。

识读图1-2所示发动机舱左线束安装图，制订装配发动机舱左线束计划，填写表1-4。

发动机舱左线束装配计划　　　　　　　　　　　表1-4

工序	作业内容	品质基准	物料	工时(s)
1	取发动机舱左线束	无破损	发动机舱左线束	
2	安装发动机舱左线束	线束走向无错误、无扭曲		
3	将发动机舱左线束穿过车内并按入护套	护套无压边，卡爪完全固定在车身		
4	将继电器盒挂在蓄电池底板上部	线束无扭曲		
5	布置发动机舱左线束内侧胶钉	胶钉无松动、无脱落，线束走向无错误、无扭曲	胶钉	
6	布置发动机舱左线束外侧胶钉	胶钉无松动、无脱落，线束无扭曲		
7	安装前横梁线束胶钉	胶钉无松动、无脱落，线束走向无错误、无扭曲		
8	使线束穿出发动机舱			
9	将发动机舱左线束穿过车头挂毡	紧贴前围隔板		

小提示

发动机罩的开启：将发动机罩操纵手柄（位于在驾驶席仪表板的左下方）向外扳动，当听到"砰"的一声发动机罩弹起大约5cm后，到车前将手伸进已掀起的发动机罩的前部，在摸到锁钩的操纵手柄后将其向上扳动，此时发动机罩锁完全被打开；接着用力将发动机罩掀起，找到支撑杆的位置，如果配备的是液压式支撑杆，在抬起发动机罩以后便可放手让其自行升高到合适的位置；如果是普通支撑杆，则需要操作者一手顶住发动机罩不至下落，另一手则要在找到支撑杆以后将它插入发动机罩上的长孔内起到支撑作用。

（2）实施发动机舱左线束装配。

①按照已制订的装配计划，参考作业指导书1-1～作业指导书1-6完成发动机舱左线束的装配并检查装配质量。

线束对于车辆的重要性毋庸置疑，所以线束铺设时一定要严格遵守相应的工艺规范。安装汽车线束时，通常先将仪表板及各开关连接好，然后再往汽车上安装，分别连接到相应的电器上。线束穿过洞口或绕过锐角处都应有护套管保护，在线束布置过程中不要拉得太紧，线束位置确定后，应用胶钉固定，以免松动损坏。

作业指导书 1-1

作业内容		左发动机舱线束护套安装			
序号	操作程序	品质基准	操作要点	安全注意事项	确认方法
1	检查发动机舱线束	线束无破损	目视确认护套、胶钉		目视
2	整理线束,将线束的一端从发动机舱穿入到车身内,将线束护套固定在车身上	护套无压边,卡爪完全固定在车身,无漏水、松动,插头无破损	先将线束理顺,把线束从发动机舱孔穿出固定护套时要用两只手固定护套两端,同时压入车身内,如视图 A 所示	小心撞伤头部和手部	目视

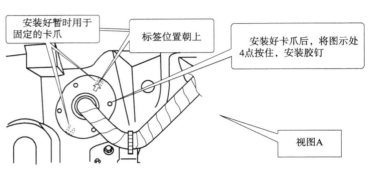

安装好暂时用于固定的卡爪

标签位置朝上

安装好卡爪后,将图示处4点按住,安装胶钉

视图A

作业指导书 1-2

作业内容		将继电器盒摆在蓄电池底板上			
序号	操作程序	品质基准	操作要点	安全注意事项	确认方法
1	将继电器盒摆在蓄电池底板上	线束无扭曲、干涉	继电器盒要和线束理顺,无扭曲,再将继电器盒轻放到蓄电池底板上	小心头部撞到发动机罩	目视

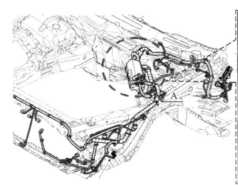

项目1 整车线束装配

作业指导书1-3

序号	作业内容		左机舱线束内侧胶钉安装		
	操作程序	品质基准	操作要点	安全注意事项	确认方法
1	将发动机舱左线束安装到发动机舱车身孔上	胶钉无松动、无脱落,线束无扭曲	胶钉按a、b、c、d、e的顺序固定在相对应的车身孔内,胶钉卡位卡入车身孔。如视图B所示	小心头部撞到发动机罩	目视

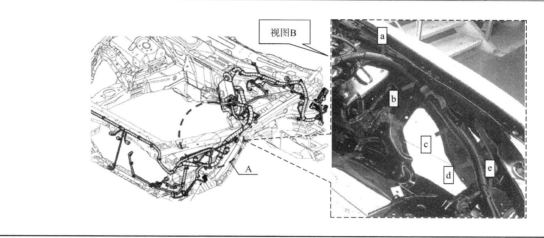

 小提示

导线和线束处理方法:

(1)在指定的位置,用各自的线束夹将导线和线束固定到车架上。

(2)小心地拆下卡扣,不要损坏它们的锁片(A),如图1-12所示。

(3)安装线束夹后,确保线束与所有运动件互不干涉。

(4)要使线束远离排气系统零部件和其他较热的零件,远离支架,孔的锐边以及裸露的螺钉和螺栓。

(5)将橡胶护圈(A)正确放入它们的凹槽中,切勿使橡胶护圈变形(B)如图1-13所示。

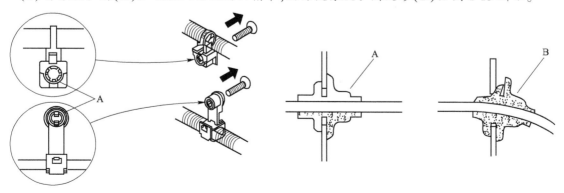

图1-12 线束固定夹拆卸   图1-13 橡胶护圈的安装

作业指导书 1-4

作业内容		左机舱线束外侧胶钉安装			
序号	操作程序	品质基准	操作要点	安全注意事项	确认方法
1	将发动机舱左线束胶钉安装到发动机舱外侧车身孔上	胶钉无松动、无脱落	固定胶钉时要注意线束不能扭曲，胶钉卡位卡入车身孔。如视图C所示	小心头部撞到发动机罩	目视

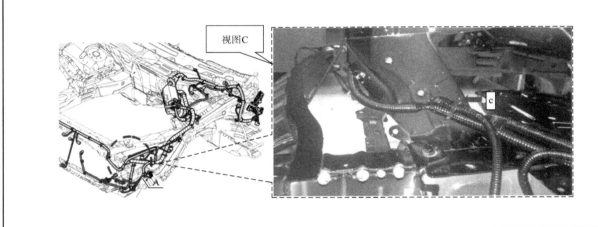

作业指导书 1-5

作业内容		安装前横梁线束胶钉			
序号	操作程序	品质基准	操作要点	安全注意事项	确认方法
1	按顺序布置发动机舱左线束的前横梁线束 a～e 颗胶钉	胶钉无松动，线束无扭曲，走向无错误	胶钉按 a～e 的顺序固定在相对应的车身孔内如视图 D、E 所示	小心被车身架碰伤	目视

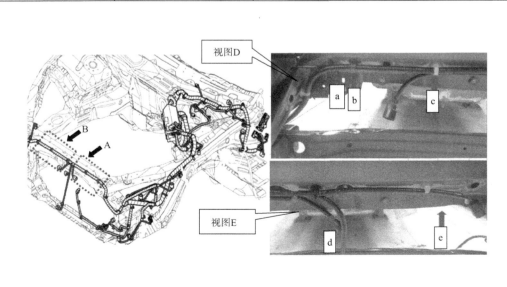

小提示

连接器处理方法：

(1) 确保连接器清洁,且线束端子没有松动。

(2) 所有连接器都有下推松开式锁片(A),如图 1-14 所示。

(3) 插接连接器前,确保端子(A)在原位且未弯曲,如图 1-15 所示。

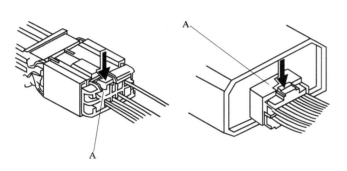

图 1-14　连接器下推松开式锁片

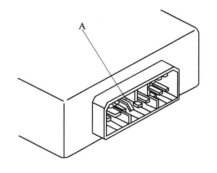

图 1-15　确保连接器端子在原位且未弯曲

(4) 拔开连接器时,不能直接拉拔导线,应先将连接器的锁止舌扣解除,才能向两边用力拉连接器的壳体,如图 1-16 所示。有些连接器用钢丝扣锁止,取下钢丝扣后才能将连接器拔开。

(5) 有些连接器的侧面有一个卡扣,用于将连接器连接到车身或另一部件的安装托架上,该卡扣上有一个拉式锁片,某些安装好的连接器不能被断开,除非先松开锁片并将连接器从其安装托架(A)上拆下,如图 1-17 所示。

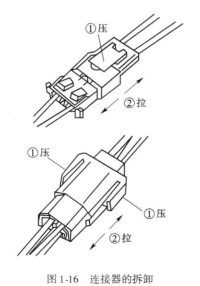

图 1-16　连接器的拆卸

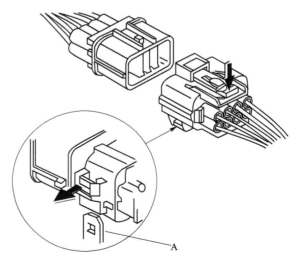

图 1-17　处理连接器

(6) 插入连接器并确认它能牢牢锁紧。

作业指导书 1-6

作业内容		将发动机舱左线束穿过车头挂毡		
序号	操作程序	品质基准	操作要点	安全注意事项	确认方法
1	将发动机舱左线束穿过车头挂毡		将线束从车头挂毡相对的孔位穿出,并将线束摆放到左侧地板		目视
2	整理挂毡左侧下部	紧贴前围隔板,插头无破损	把左侧地板线束前端抬起,将挂毡压入到前围隔板		目视

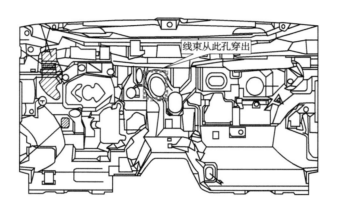

②找出在装配过程中所涉及的搭铁位置。

小词典

搭铁：将车体与电器相接的部位称为"搭铁"(俗称接地)。蓄电池的正极线直接与各用电设备连接,蓄电池的负极线直接搭在车架金属机件上,用电设备的负极线也就近搭在车架金属机件上,利用发动机和汽车底盘(梁架)的金属体作公共通道。

如图 1-18 所示,各种汽车搭铁线应选用黑色导线。若蓄电池的负极与车体相接,就称"负极搭铁",反之称为"正极搭铁"。按照国家标准规定,国产汽车的电气系统均采用负极搭铁。

线束搭铁螺栓标准拧紧力矩为 9.8N·m。

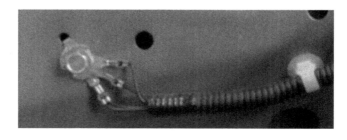

图 1-18　搭铁

小提示

汽车上一般有两条以上主搭铁线,其中一条是蓄电池负极搭铁线,另一条是发动机与车架之间的搭铁线。为了保险起见,还有变速器与车架之间、车厢金属壳体与车架之间的搭铁线。

汽车电气系统中搭铁不良的现象很容易发生。例如发动机搭铁线紧固螺栓松动,或者重接搭铁线时随便安装,或者搭铁线接头腐蚀电阻增大,这些都会造成接触不良,迫使电流试图通过另外的回路通过,引起电压下降或工作失效。搭铁不良会造成电气线路出现许多显性或隐性故障。

(3) 发动机舱左线束连接的主要电气元件。

在实训车上熟悉发动机舱左线束走向,按照发动机舱左线束装配顺序,说明该线束连接的主要电气元件:左轮速传感器、_____

_____

_____ 等。

2. 发动机舱右线束装配

(1) 制订发动机舱右线束装配计划。

识读图1-19所示的发动机舱右线束安装图,制订发动机舱右线束装配计划,填写表1-5。

发动机舱右线束装配计划 表1-5

工序	作业内容	品质基准	物料	工时(s)

(2) 实施发动机舱右线束装配。

①按照发动机舱右线束装配计划并参考作业指导书1-7和作业指导书1-8实施发动机舱右线束装配,检查装配质量。

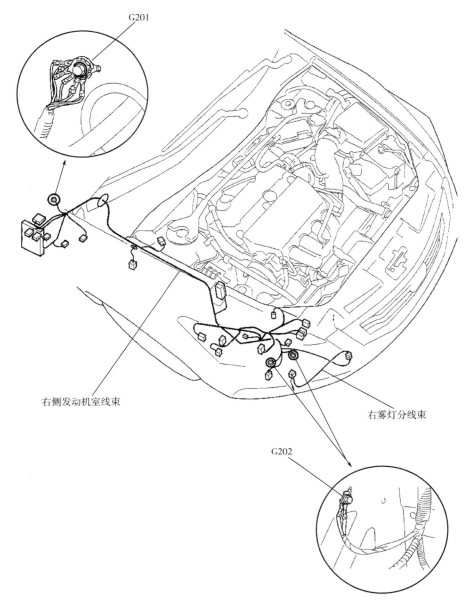

图 1-19 雅阁轿车发动机舱右线束安装图

作业指导书 1-7

	作业内容		安装机舱右线束		
序号	操作程序	品质基准	操作要点	安全注意事项	确认方法
1	整理线束,将线束的一端从发动机舱穿入到车身内		先将线束理顺,把右线束从发动机舱孔穿出,将胶套摆放在机舱孔车身相对应的孔内,线束的走向需准确无误	小心被车架碰伤	目视
2	将右线束按图所示的顺序安装线束胶钉	胶钉无松动,线束无扭曲	按组装图所示 a~h 的顺序安装线束胶钉,确认胶钉安装在相对应的孔内无松动,右线束穿出车身外时注意防止搭铁线划花横梁	小心被车身架碰伤	目视

续上表

序号	作业内容		安装机舱右线束		
	操作程序	品质基准	操作要点	安全注意事项	确认方法
3	将右前传感器线束穿出车身,固定好胶套	线束无扭曲,胶套紧贴车身	线束穿出车身后再固定胶套	小心被车身架碰伤	目视

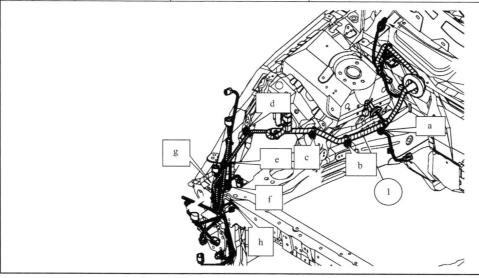

作业指导书1-8

序号	作业内容		安装发动机舱右线束护套		
	操作程序	品质基准	操作要点	安全注意事项	确认方法
1	安装发动机舱右线束护套	无压边	将护套边缘卷起后把线束穿过,然后将边缘恢复原状,目视检查标识点	小心被车身架碰伤	目视

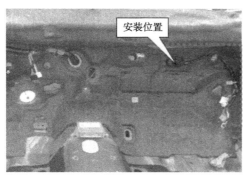
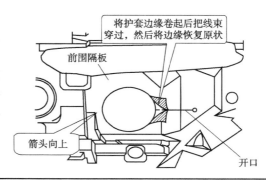

②发动机舱右线束连接的主要电气元件。

在实训车上熟悉发动机舱右线束走向,按照发动机舱右线束装配顺序,说明该线束连接的主要电气元件:右轮速传感器、_____

_____

_____等。

3. 线束铺设时一般应严格遵守相应的工艺规范

（1）所有线束与任何金属件干涉处均需保护。主要采取以下措施：过车架上圆孔一般用槽型圈，过车架上、下翼面及半圆孔处用龙骨条。保护的目的是为了防止车辆的振动，线束与车架或其他金属件摩擦造成线束胶皮破损，因短路产生故障或失火。

（2）线束插接件一定要对插牢靠，防止插接件松动或脱开，造成接触不良。

（3）线束不能与高温部件固定在一起，防止线束胶套被烫坏。如有难以布置的情况，需加以保护。一般采用隔热纸或隔热棉。

（4）线束不能与发动机或其他运动件接触，防止线束被卷入造成事故。

（5）线束不能与制动管路、燃油管路捆扎在一起，防止线束短路产生火花造成气管路漏气和燃油管路漏油，引起制动失效和火灾。一般规定：油管居下，气管居中，线束居上。

（6）负极线应接在车架上，接触面上的油漆应刮去，露出金属光亮，接触面与车架接触面间加入剧齿垫片。

三、评价与反馈

（1）请对发动机舱线束的装配情况进行检查，填写表1-6。

发动机舱线束装配质量检查　　　　　表1-6

序号	项　目	发动机舱左线束装配质量检查结果	发动机舱右线束装配质量检查结果
1	线束是否有次品		
2	物料是否有破损		
3	线束走向是否有错误		
4	线束是否有扭曲		
5	胶钉是否有松动和脱落		
6	护套是否有压边紧贴车身		
7	是否将搭铁线固定螺栓紧固到规定力矩		
8	作业顺序是否正确		
9	作业工时是多少（单位：s）		
10	品质保证（OK/NG）		
11	工具使用是否正确		
12	是否规范完成场地和设备的整理、清洁等日常维护工作		
13	小组是否分工合理，配合良好		

（2）如图1-20所示为发动机舱左线束制动踏板位置开关连接器，请分别写出该连接器中4条导线的颜色标注代码，填写表1-7。

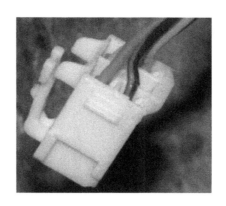

图 1-20

导线的颜色标注代码　　　　　　　　　　　　　　　　表 1-7

序号	导 线 颜 色	标注代码
1	红色	
2	浅绿色	
3	橙色	
4	黑红色	

（3）请描述你如何解决在本任务学习中遇到的某个或某些问题、困难,并说出从中取得的收获。

任务2　地板线束装配

> **任务目标**
> 1. 认识左地板线束、右地板线束、中纵梁线束；
> 2. 认识汽车电路的组成、主要特点及常用图形符号；
> 3. 能按工艺要求使用工具正确装配左地板线束、右地板线束、中纵梁线束；
> 4. 能按地板线束走向说明其连接的相关电气元件；
> 5. 识读制动灯电路图，能在车上查找和识别制动灯电路图的相关电气元件。
>
> **建议学时：8 学时。**
>
> **任务描述**
>
> 根据图 1-21 所示地板线束安装图，制订左地板线束装配计划并规范完成左地板线束的装配。
>
>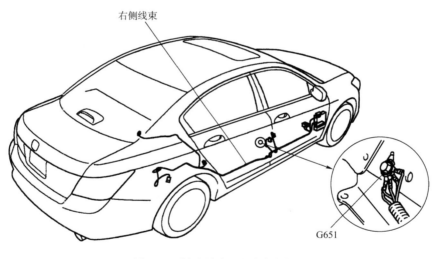
>
> 图 1-21　雅阁轿车右地板线束安装图

地板线束包括左地板线束、中纵梁线束、右地板线束，连接着尾灯、制动灯、倒车雷达、安全气囊、座椅等电气设备，其装配质量的好坏直接影响整车电气设备的功能发挥。

一、学习准备

1. 汽车电气系统是汽车的重要组成部分之一，其性能好坏直接影响汽车的动力性、经济性、可靠性、安全性、舒适性以及排放性能，汽车电气系统包括哪些总成部件？如何构成汽车电路？

1. 汽车电气系统的组成

如图1-22所示，现代汽车所装备的电气系统按其用途包括：电源系统、用电系统（起动系统、点火系统、照明系统、信号系统、电子控制系统、辅助电器）、检测系统、配电系统。

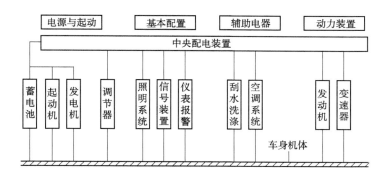

图1-22　汽车电气设备基本组成示意图

2. 汽车电路的构成

如图1-23所示，按照汽车电气设备的工作原理以及设备相互之间的内在联系，用导线和车身金属机件把车辆电源、电路保护装置、控制器件和用电设备等装置连接起来，形成能够使电流流通的闭合回路，称为汽车电路。

汽车电路主要是由电源、过载保护装置、控制器件、用电设备及导线等组成的。

（1）电源。汽车上的电源主要由蓄电池和发电机组成，如图1-24所示。发动机不工作或起动时，车辆上的电源主要是依靠蓄电池来提供；发动机工作后车辆上的电源主要是由发电机来提供，同时给蓄电池进行充电。调节器的作用是在发电机工作时，对其发电量进行调节以保证输出电压的稳定。

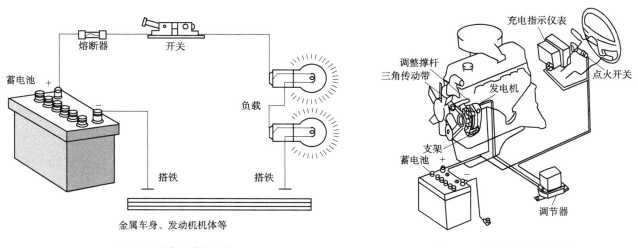

图1-23　汽车电路的组成　　　　　　　图1-24　汽车电源系统的组成

（2）过载保护装置。过载保护装置一般有熔断器（俗称保险丝）、电路断路器及易熔线等组成。

(3)控制元件。汽车电路中可以作为控制器件的大体可分为开关和控制器两大类型。其中开关又可分为手动开关和非手动开关,在汽车电路中,各用电设备都独立在电系中,一般都设有单独的控制开关,如灯光开关、喇叭开关等;控制器包括电磁继电器、电子继电器和电子控制器。

(4)用电设备。现代汽车上的电气设备随车辆用途的不同数量也并不确定,且没有统一的标准,但大体上可以按照车辆的基本配置、辅助电器和发动机控制三大部分进行划分。

小词典

基本配置:将机动车行驶必备的一些电气设备归类到基本配置,包括起动系统、照明系统、信号装置、仪表及报警装置。

辅助电器:一般为与发动机无关或关系不大的电气设备,主要有电动风窗、刮水器和洗涤器、空调系统、音响、点烟器、电动车窗、电动座椅等。

在图 1-23 中,从电源正极到熔断器、开关、负载之间只用一根导线连接;另一根导线用金属车身、发动机机体等金属部分来代替,构成回路。汽车电路中,以元件和机体(车架)金属部分作为一根公共导线的接线方法称为单线制。

3.汽车电路的主要特点

(1)单线制、负极搭铁。单线连接是汽车线路的特殊性,现代汽车上所有电气设备的正极均用导线连接,该导线通常称为正极导线("火线");而所有的负极则与车身金属相连,称之为"搭铁线"。任何一个电路中的电流都是从电源的正极出发经导线流入用电设备后,由电器设备自身或负极导线搭铁,通过车架或车身流回电源负极而形成回路。部分要求比较高的线路也采用双线连接方式,如发电机与调节器之间的连接。

负极搭铁是通过蓄电池的负极直接与机体连接。负极搭铁对车架或车身的化学腐蚀较轻,对无线电干扰较小。

(2)低压直流供电(12V 或 24V)。汽车一般采用 12V 电压,部分大功率柴油机采用 24V 电压。低电压由于电功率较小,不适应汽车用电设备日益增多的要求,酝酿中的汽车电系电压标准是 42V/14V 电压体系。

(3)两组供电系统。汽车上有 2 个电源,即蓄电池和发电机。发动机不工作时,由蓄电池供电;发动机起动后,转由发电机供电,在发电机向用电设备供电的同时,也给蓄电池充电。

(4)用电器并联连接。所有低压用电设备均采用并联方式连接,受有关装置控制,电压相同。电气设备间均为并联开关,熔断器均串联在电源和相应的用电设备之间,电流表串联在供电汽车电路上,电器仪表与其传感器之间串联。

 2.汽车电路图一般有什么作用?汽车电路常用的图形符号有哪些?

汽车电路原理图是用电器图形符号,按工作顺序或功能布局绘制的,详细表示汽车电路的全部组成和连接关系,不考虑实际位置的简图,分为整车电路原理图和局部电路原理图。通过对电路图的识读,可以认识并确定电路图上所画电气元件的名称、型号和规格,清楚地掌握汽车电气系统的组成、相互关系、工作原理和安装位置,便于对汽车电路进行维修、检查、安装、配线等工作。

因为汽车电气元件的外形和结构比较复杂,在电路图中采用相应的符号来表示各种电气元件。目前虽然各大生产厂商还没有统一电路图的符号,但差别不大,并且电路图都有相应的说明解释。本书以广本雅阁汽车电路图为例进行说明。

1. 汽车电路常用图形符号

(1) 基本符号。广本雅阁汽车电路图基本符号见表 1-8。

基本符号 表 1-8

序号	名称	图形符号	序号	名称	图形符号
1	直流	——	6	中性点	N
2	交流	∼	7	磁场	F
3	交直流	 ≂	8	搭铁	⊥
4	正极	+	9	交流发电机输出接柱	B
5	负极	-	10	磁场二极管输出端	D_+

(2) 导线、端子和导线的连接符号。广本雅阁汽车电路图中导线、端子和导线的连接符号见表 1-9。

导线、端子和导线的连接符号 表 1-9

序号	名称	图形符号	序号	名称	图形符号
1	接点	●	8	插头和插座连接	 —⊂—
2	端子	○			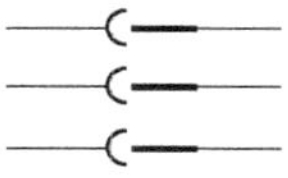
3	导线的连接	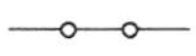 —○—○—	9	多极插头和插座 (示出的为三极)连接	
4	导线的分支连接	┬			
5	导线的交叉连接	┼	10	接通的连接片	 —▭—
6	插座的一个极	 ⊂	11	断开的连接片	
7	插头的一个极	 —	12	屏蔽导线	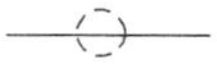

(3) 本田轿车电路图中常用符号的含义。本田轿车电路图中常用符号的含义见表 1-10。

本田轿车电路中常用符号的含义　　　　表1-10

符号	含义	符号	含义
⊕—	蓄电池	—⊙—	点火开关
⏚ G601	搭铁线（每根电线的搭铁都标有以字母"G"开头的搭铁编号，以备在元件位置索引中查找）	Ⓗ	喇叭
—◠—	熔断丝	—][—	连接器
▯	电阻器	⬭	热敏电阻
Ⓜ	电动机	⬭	灯泡
▽	二极管	⇥ ⇤	晶体三极管
（常开继电器符号）	常开继电器	⊙	常开开关
	继电器（在正常位置）		
（常闭继电器符号）	常闭继电器	⊙	常闭开关
◁ ---- ◁	输入 连接 输出	黑～	线端的波浪线表示该电线在下页继续
▯	实线框图表示显示了整个元件	▭(虚线)	虚线框图表示只显示了元件的一部分

项目1　整车线束装配

小提示

本田轿车电路中接头符号的含义如图1-25所示。

电路图中每个接头都有接头号(以字母"C"开头)以备在元件位置索引中查找,从左上开始,对每个接头的插孔和插头进行编号,使对应的插孔和插头号相同,在电路图上,接头端子标在每个端子旁。

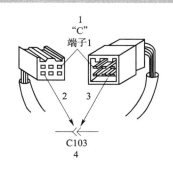

图1-25　本田轿车电路中接头符号的含义
1-接头"C";2-插孔;3-插头;4-接头号

2. 本田轿车电路图的构成

(1)线路部分。在电路图中,线路部分都是以粗实线画出,集中在图的中间部分。每条导线上的颜色是指导线绝缘层的颜色。

本田轿车的电路图导线并没有标出导线的截面积,只是根据与导线相连接的熔断器的通电电流的大小来判断导线的截面积大小。

(2)电气元件部分。电路图的作用就是表达元件之间的连接关系的,因此,电气元件在电路图中是主体,广汽本田雅阁轿车的电气元件及部件在图中是用虚线框图或实线框图来表示的,在框图中用汉字标定元件的名称,用英文字母、数字标定插点或触点。

(3)继电器、熔断器及其连接部分。该部分电路图反映的内容有:继电器的名称、磁场线圈、触点熔断器的号码和容量。车上的大部分继电器和熔断器都安装在继电器盘的正面。几乎全部主线束均从继电器背面插接后通往各用电器。

二、计划与实施

3.以安装工艺要求完成发动机舱线束的装配后,如何在车身上进行地板线束的装配?地板线束连接着哪些电气元件?

1. 装配右地板线束

(1)制订右地板线束装配计划。

识读图1-21所示右地板线束安装图,制订装配右地板线束计划,并填写在表1-11。

(2)实施右地板线束装配。

①按照计划并参考作业指导书1-9～作业指导书1-13,实施右地板线束装配,检查装配品质。

27

右地板线束装配计划　　　　　　　　　　　　　　　　　表1-11

工序	作 业 内 容	品质基准	物料	工时(s)
1	穿入右地板线束	无破损		
2	安装右侧地板线束前部胶钉	固定无松脱		
3	右侧地板线束前地板胶钉安装	固定无松脱		
4	安装右中立柱下部线束胶钉	固定无松脱		
5	安装右后地板线束胶钉	固定无松脱		
6	安装右后轮毂线束胶钉	固定无松脱		
7	安装行李舱隔板上线束胶钉	固定无松脱		

作业指导书1-9

作业内容		右地板线束前立柱下部胶钉安装		
序号	操作程序	品质基准	操作要点	安全注意事项	确认方法
1	穿入右地板线束	无破损	目视检查线束及其插头		目视
2	安装右侧地板线束前部胶钉	固定无松动	将胶钉按入车身孔内,胶钉卡应卡入车身孔,胶钉装配后紧贴车身无间隙		目视

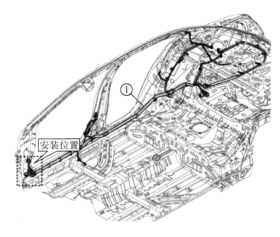
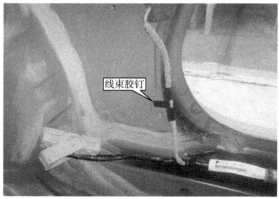

项目1　整车线束装配

作业指导书 1-10

作业内容		右侧地板线束前地板胶钉安装		
序号	操作程序	品质基准	操作要点	安全注意事项	确认方法
1	将右侧地板线束前部线束胶钉安装到前地板车身孔	固定无松脱	将线束胶钉按 a~f 顺序装配，胶钉卡应卡入车身孔内，胶钉装配后紧贴车身无间隙		目视

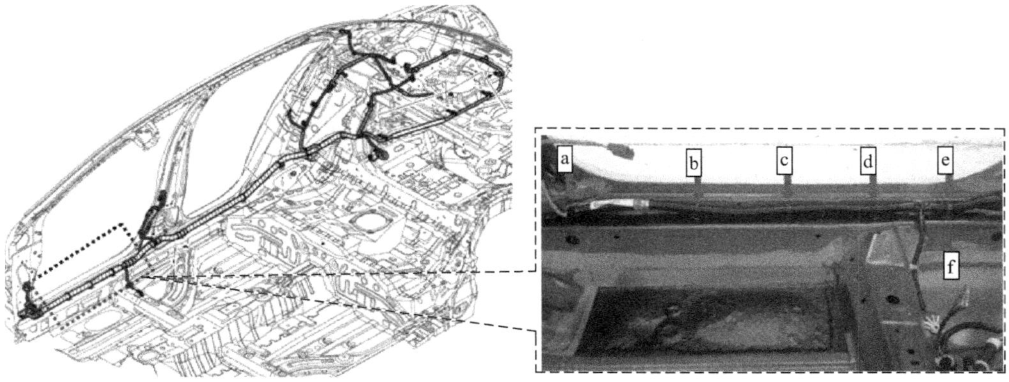

作业指导书 1-11

作业内容		安装右中立柱下部线束胶钉		
序号	操作程序	品质基准	操作要点	安全注意事项	确认方法
1	将右地板线束安装到右中立柱下部车身孔上	固定无松脱	如图示将线束胶钉按 a~d 顺序装配，胶钉卡应卡入车身孔内，胶钉装配后紧贴车身无间隙		目视

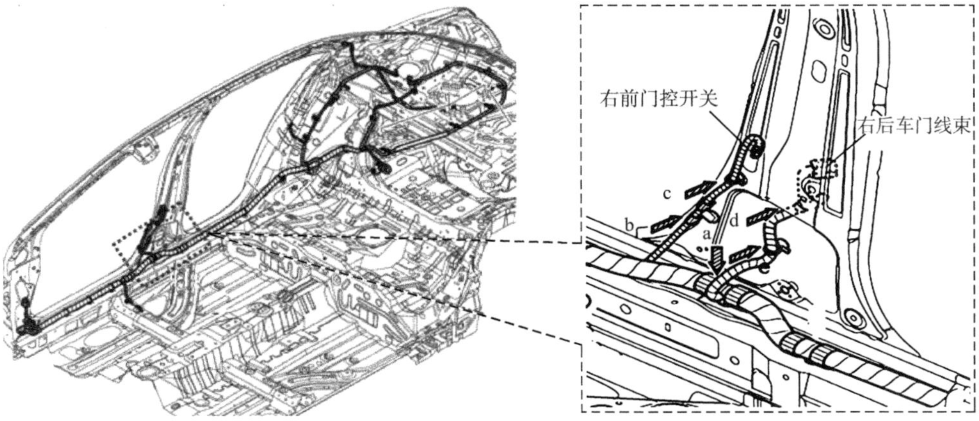

作业指导书 1-12

作业内容		安装右后轮毂线束胶钉			
序号	操作程序	品质基准	操作要点	安全注意事项	确认方法
1	右侧地板线束胶钉安装到右后轮毂上	固定无松脱	胶钉卡应卡入车身孔内,胶钉装配后紧贴车身无间隙		目视

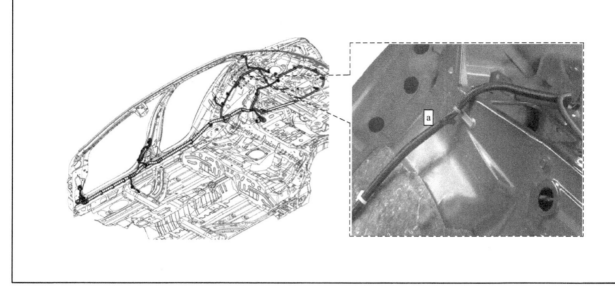

作业指导书 1-13

作业内容		安装行李舱隔板上线束胶钉			
序号	操作程序	品质基准	操作要点	安全注意事项	确认方法
1	将右地板线束后部胶钉安装到行李舱隔板上,并把线束穿过车身孔	固定无松脱	如图示安装线束胶钉 a,装配后紧贴车身无间隙		目视

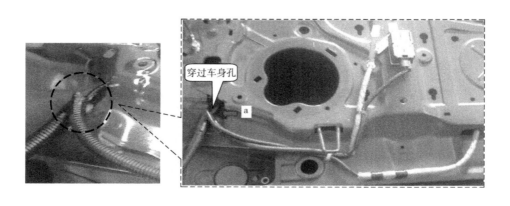

项目1 整车线束装配

②右地板线束连接的主要电气元件。

在实训车上熟悉右地板线束走向,按照右地板线束装配顺序,说明该线束连接的主要电气元件:<u>副驾驶员侧多路控制器、</u>

<u> </u>

<u> </u>

<u> </u>等。

2. 装配中纵梁线束(SRS 地板线束)

(1)制订中纵梁线束装配计划。识读图 1-26 所示中纵梁线束安装图,制订装配中纵梁线束计划,并填写在表 1-12。

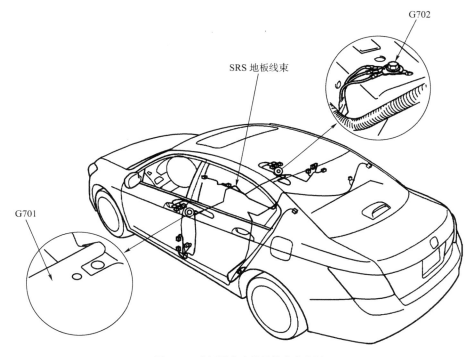

图 1-26 雅阁轿车中纵梁线束安装图

中纵梁线束装配计划　　　　　　　　　　　表 1-12

工序	作 业 内 容	品 质 基 准	物料	工时(s)
1	穿入中纵梁线束	无缠绕、无破损		
2	上车	无缠绕、无破损		
3	固定中纵梁中部2个线束胶钉	完全按入		
4	将线束前端放在右侧横梁处	无缠绕、无破损		
5	固定车内左地板线束胶钉7个	固定无松动		
6	固定车内右地板线束胶钉7个	固定无松动		
7	检查装配品质			

(2)实施中纵梁线束装配。

①按照计划并参考作业指导书 1-14 和作业指导书 1-15 实施中纵梁线束装配,检查装配品质。

31

作业指导书 1-14

作业内容		安装中纵梁线束中部			
序号	操作程序	品质基准	操作要点	安全注意事项	确认方法
1	将中纵梁线束穿入车身,理顺线束	无缠绕、无破损	将线束摆放整齐	上车小心撞头	目视
2	安装中纵梁2颗线束胶钉	完全按入	按图所示顺序安装线束胶钉,固定胶钉时要注意线束不要扭曲,胶钉固定在相对应的车身孔内	上车小心撞头	目视

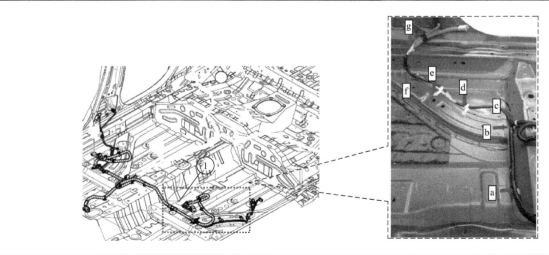

作业指导书 1-15　安装中纵梁线束左侧

作业内容		安装中纵梁线束左侧			
序号	操作程序	品质基准	操作要点	安全注意事项	确认方法
1	整理中纵梁线束左侧	无破损	将线束摆放整齐,目视确认线束及其插头	上车小心撞头	目视
2	将中纵梁线束胶钉按顺序安装到左侧地板上	固定无松动	按a~g的顺序安装线束胶钉到车身孔上,确认胶钉安装在相对的孔内,胶钉卡位要卡到车身孔内,胶钉安装后应紧贴无间隙	上车小心撞头	目视

②中纵梁线束连接的主要电气元件。在实训车上熟悉中纵梁线束走向,按照中纵梁线束装配顺序,说明该线束连接的主要电气元件:<u>座椅侧安全气囊、</u>

_____

_____

_____等。

3. 装配左地板线束

(1)制订左地板线束装配计划。识读图1-27所示左地板线束图,制订左地板线束装配计划,并填写在表1-13。

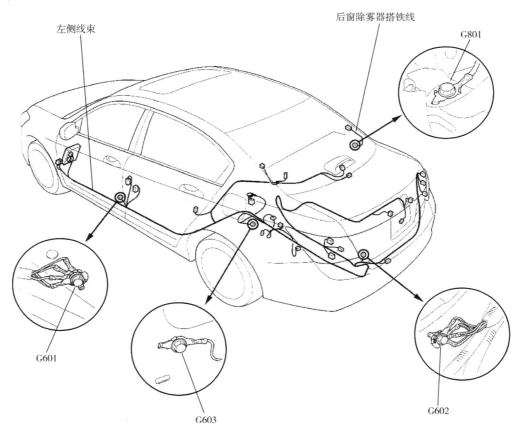

图1-27 雅阁轿车左地板线束图

左地板线束装配计划　　　　　　　　　　　　　　　表1-13

工序	作 业 内 容	品质基准	物料	工时(s)
1	穿入左地板线束	无破损		
2	安装左前地板线束胶钉	紧固无松动		
3	安装左中立柱下部线束胶钉	紧固无松动		
4	安装左后地板线束胶钉	紧固无松动		

(2)实施左地板线束装配。

①按照计划并参考作业指导书1-16和作业指导书1-17实施左地板线束装配,检查装配品质。

作业指导书 1-16

作业内容		安装左前地板线束胶钉			
序号	操作程序	品质基准	操作要点	安全注意事项	确认方法
1	整理线束,穿入左前地板线束	无破损	先将线束理顺,目视检查胶钉和插头		目视
2	将左侧地板线束前部线束胶钉安装到前地板车身孔	紧固无松动	如图所示将线束胶钉按顺序装配,胶钉卡应卡入车身孔内,胶钉装配后紧贴车身无间隙		目视

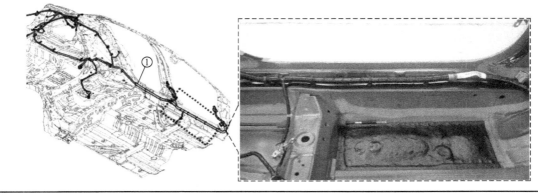

作业指导书 1-17　安装左后地板线束胶钉

作业内容		安装左后地板线束胶钉			
序号	操作程序	品质基准	操作要点	安全注意事项	确认方法
1	将左地板线束线束胶钉安装到左后地板上	固定无松动	如图所示将线束胶钉按 a~c 顺序装配,胶钉卡应卡入车身孔内,胶钉装配后紧贴车身无间隙		目视

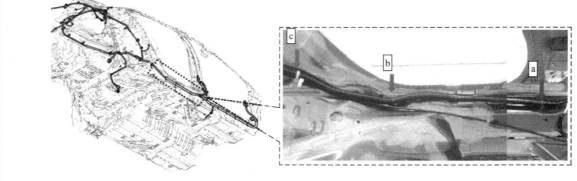

②左地板线束连接的主要电气元件。在实训车上熟悉左地板线束走向,按照左地板线束装配顺序,该线束连接的主要电气元件有:<u>驾驶员侧多路控制器</u>、

_____

_____

_____等。

（3）识读雅阁轿车制动灯电路图。雅阁轿车制动灯电路图中各符号代表的电气元件说明如图1-28所示，按照该图电路工作原理，在左地板线束、发动机舱左线束上找出制动灯电路连接器、搭铁点、熔断丝等相关电气元件。

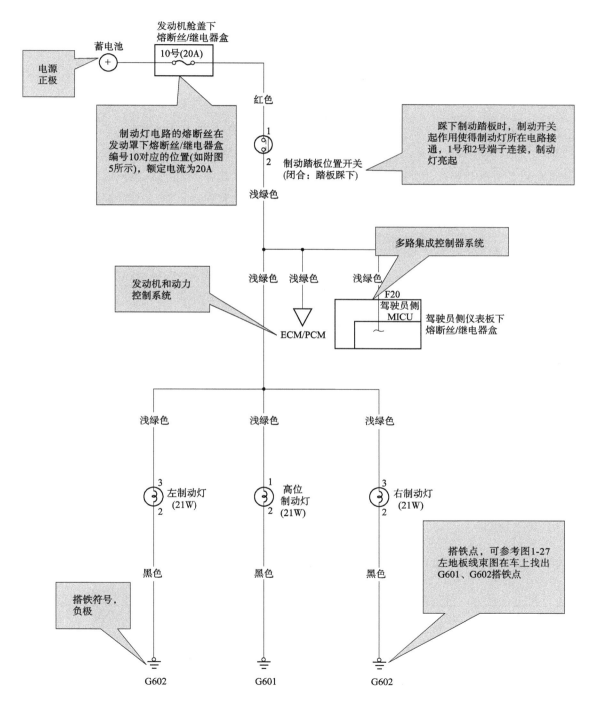

图1-28 雅阁轿车制动灯电路图

在如图1-28所示的电路中，当踩下制动踏板，制动踏板位置开关闭合时，电路中电流流向：蓄电池正极→(发动机罩下熔断丝/继电器盒)10号(20A)→制动踏板位置开关→分成3列分别去左制动灯、右制动灯、高位制动灯并联3路,通过G601、G602搭铁→蓄电池负极。

小提示

电路图识读基本方法如下:

(1)电路主要的三大部分为蓄电池(电源)、导线(可以分成若干个线束,在电路图上每个线束都有各自的编号代码)、用电器。其中导线这一部分最复杂,在看图的时候可以顺着电流流动的方向看,就是观察电流是如何从蓄电池流出然后经过哪几条导线到用电器的。

如果汽车电路图分为多页,首页最上面是汇总的接线柱,有的接蓄电池,有的接起动接线柱,有的接发电机,还有的搭铁线,最下面是按顺序排列的接线柱号,当查看某一部分电路时,电路沿着导线走到了一个号码处,就按照号码的数字找到最下方相应的号码所在的位置(一般在其他页中),一定能找到相关联的号码,总之,从电源开始查找,最后找到搭铁即为该部分完整电路。

(2)牢记回路原则:任何一个完整的电路都是由电源、熔断器、开关、控制装置、用电设备、导线等组成。电流流向必须从电源正极出发,经过熔断器、开关、控制装置、导线等到达用电设备,再经过导线(或搭铁)回到电源负极,才能构成回路。因此读电路图时,按回路原则有3种思路进行读图:

①沿着电路电流的流向,由电源正极出发,按顺序查到用电设备,开关、控制装置等,回到电源负极。

②逆着电路电流的方向,由电源负极(搭铁)开始,经过用电设备、开关、控制装置等回到电源正极。

③从用电设备开始,依次查找其控制开关、连线、控制单元,到达电源正极和搭铁(或电源负极)。

实际应用时,可视具体电路选择不同思路,但是随着电子控制技术在汽车上的广泛应用,大多数电器设备电路同时具有主回路和控制回路,读图时要兼顾两种回路。

三、评价与反馈

(1)请对地板线束的装配情况进行检查,并填写表1-14。

地板线束装配品质检查　　　　　　　　　　　　　　　　表1-14

序号	项　目	地板右线束装配品质检查结果	中纵梁线束装配品质检查结果	地板左线束装配品质检查结果
1	是否有次品			
2	物料是否有破损			
3	线束走向是否有错误			
4	线束是否有扭曲			
5	胶钉是否有松动和脱落			

续上表

序号	项　　目	地板右线束装配品质检查结果	中纵梁线束装配品质检查结果	地板左线束装配品质检查结果
6	护套是否压边紧贴车身			
7	是否将搭铁线固定螺栓紧固到规定力矩			
8	作业顺序是否正确			
9	作业工时是多少？（单位：s）			
10	品质保证(OK/NG)			
11	工具使用是否正确			
12	是否规范完成场地和设备的整理、清洁等日常维护工作			
13	小组是否分工合理，配合良好			

(2) 在实训车上识别制动灯电路构造，将制动灯熔断丝拆下，检测该熔断丝，将结果填在表 1-15。

熔　断　丝　检　测　　　　　　　　　　　　　　表 1-15

项　　目	检测方法和结果描述
观察法	
用万用表测	

  小提示

采用换件法检查熔断丝是否熔断的方法：

如图 1-29 所示分别为正常的熔断丝和熔断的熔断丝。使用同一个型号、结构、性能的无故障元件，替代怀疑可能出现故障的元件，观察出现故障系统的工作情况，从而判断故障所在。采用换件法必须注意的是，在换件前要对其线路进行必要的检查，确保线路正常方可使用，否则会造成更大的损失。

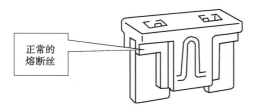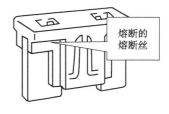

图 1-29　熔断丝

(3) 请描述你如何解决在本任务学习中遇到的某个或某些问题、困难，并说出从中取得的收获。

_____

_____

_____

项目 2　发动机舱部件装配

项目目标

1. 叙述蓄电池、喇叭、发动机电子控制单元(以下简称发动机 ECU)部件的结构、安装位置和工作原理；
2. 叙述发动机舱制动泵总成、ABS 泵总成的组成、安装位置、工作原理；
3. 叙述发动机舱散热器总成的组成、安装位置、工作原理；
4. 识读喇叭电路图，叙述控制继电器在喇叭电路中的应用，检查该电路相关电气元件和线路；
5. 在教师指导下，根据作业指导书正确完成发动机舱内制动、散热器总成等部件的装配及检查。

项目描述

发动机舱容纳了最多的零件和系统，且各部件对汽车性能至关重要。请按照技术文件要求正确完成如图 2-1 所示发动机舱各部件的装配与检查，并识读喇叭电路图，在实车上对喇叭电路相关元件和线路进行检查。

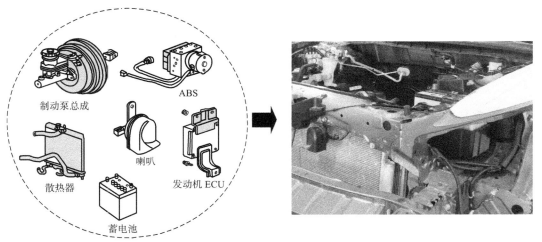

图 2-1　雅阁轿车发动机舱部件装配

建议学时：24 学时。

任务1　蓄电池及喇叭部件装配

⇨ **任务目标**

1. 叙述蓄电池、喇叭、发动机ECU部件的构造、安装位置及工作原理；
2. 根据作业指导书使用工具正确装配蓄电池总成、喇叭部件；
3. 学会检查蓄电池并给蓄电池充电；
4. 正确识读喇叭电路图，叙述控制继电器在喇叭电路中的应用，检查电路相关电气元件和线路。

建议学时：6学时。

⇨ **任务描述**

在老师的指导下，根据作业指导书，制订发动机舱其他部件的装配计划，通过小组合作正确完成发动机舱蓄电池总成、喇叭部件的装配，如图2-2所示。

图2-2　蓄电池及喇叭部件的装配

蓄电池是汽车上的两个电源之一，具有向用电设备供电、蓄电、稳压等作用。汽车上都装有喇叭，用来警告行人和其他车辆，以引起行人和车辆注意，保证行车安全。

一、学习准备

 1.汽车上常用的蓄电池有哪些？蓄电池的结构和工作原理是怎样的？

1. 蓄电池的作用

蓄电池是靠内部的化学反应将化学能转变为电能给用电设备供电。发电机是在发动机的驱动下，将机械能转变为电能给用电设备供电。汽车上蓄电池与发电机并联。

蓄电池的作用有：

（1）起动发动机时，给起动机提供强大的起动电流；

(2)当发电机过载时,可以协助发电机向用电设备供电;

(3)当发动机怠速工作时,向用电设备供电;

(4)蓄电池还是一个大容量电容器,可以保护汽车的用电器;

(5)当发电机端电压高于蓄电池的电动势时,蓄电池将一部分电能转变为化学能储存起来,也就是对蓄电池进行充电。

2. 蓄电池的类型

(1)蓄电池的分类。汽车常用的蓄电池为铅酸蓄电池。从其使用性能可分为普通型蓄电池、干荷电铅蓄电池、少维护或免维护型蓄电池等类型。

传统的铅酸蓄电池是由正负极板、隔板、壳体、电解液和接线桩头等组成,其放电的化学反应是依靠正极板活性物质和负极板活性物质在电解液(稀硫酸溶液)的作用下进行,其中极板的栅架是用铅锑合金制造的。

现代轿车上一般使用免维护型蓄电池。免维护型蓄电池是用铅钙合金制造的,由于蓄电池采用了铅钙合金做栅架,所以充电时产生的水分解量少,水分蒸发量也低,加上外壳采用密封结构,释放出来的硫酸气体也很少,所以它与传统蓄电池相比,具有不需添加任何液体,对接线桩头要求低,电量储存时间长等优点,其使用寿命一般为普通蓄电池的两倍。

(2)蓄电池的型号。按我国机械行业标准 JB/T 2599—1985,蓄电池型号含义:

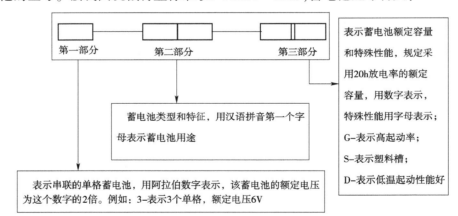

如型号为 6-QA-60G 的蓄电池表示该蓄电池由 6 个单格电池串联,额定电压 12V;QA 为起动型干荷式铅蓄电池;60G 为额定容量 60A·h,高起动率。

3. 蓄电池的结构

蓄电池由极板、隔板、外壳、电解液、极柱等部分组成。现代汽车用铅酸蓄电池的内部结构如图 2-3 所示。

(1)极板。极板是蓄电池的基本元件,由它接受充入的电能和向外释放电能。极板为栅架结构,分正极板和负极板两种。

(2)隔板。隔板材料具有多孔性结构,便于电解液自由渗透,其化学性能较稳定,具有良好的耐酸性和抗氧化性。汽车蓄电池一般由 6 个单格隔板串联,其总电动势输出大约是 12.6~15V。

项目 2　发动机舱部件装配

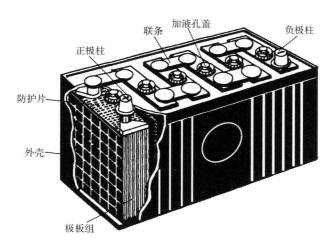

图 2-3　蓄电池的结构

（3）蓄电池外壳。盛装电解液和蓄电池元件的容器称作蓄电池外壳。蓄电池外壳为整体式结构，外壳的隔板之间形成单格蓄电池。

（4）电解液。电解液在电能和化学能的转换过程中，起到离子间的导电作用，并经化学反应产生电压。

（5）极柱。极桩有圆锥形和 L 形等。为了便于识别，在正极桩边刻有"＋"（或 P），负极桩边刻"－"（N）标记，或在正极桩上涂红色油漆。

4. 蓄电池的工作原理

蓄电池的工作过程就是化学能与电能相互转化的过程，如图 2-4 所示。放电过程：硫酸浓度下降，正极上的硫酸铅增加，内阻增大，电解液密度下降，蓄电池将化学能转化电能时，蓄电池向外供电。充电过程：电解液密度增加，内阻减小，蓄电池电压升高，充电后期由于水的电解，将有大量气泡产生，蓄电池与外部电源直接相连，将电能转化为化学能。

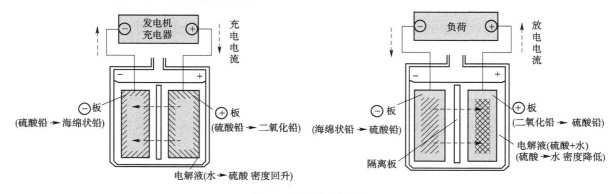

图 2-4　蓄电池工作原理

　2. 汽车上的喇叭有什么作用？其结构和工作原理是怎样的？

1. 喇叭的功用和分类

喇叭是汽车的音响信号装置。在汽车的行驶过程中，驾驶员根据需要和规定发出必需的音响信号，警告行人和引起其他车辆注意，保证交通安全，同时还用于催行与传递信号。

喇叭按其发音动力分为电喇叭和气喇叭;按外形分为螺旋形、筒形和盆形;按声频可分为高音和低音喇叭。气喇叭主要用于具有空气制动装置的重型载货车上,而目前汽车上所装用的喇叭多为电喇叭,电喇叭具有结构简单、体积小、质量轻、声音悦耳且维修方便的特点,因而在中小型车辆中获得了广泛应用。

如图2-5所示为雅阁轿车喇叭部件位置图,它属于电喇叭。由于安装位置的限制,中小型汽车上多采用螺旋形、盆形电喇叭。

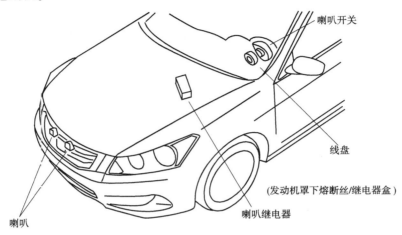

图2-5 雅阁轿车喇叭部件位置图

2. 电喇叭的结构工作原理

汽车电喇叭是靠金属膜片的振动从而发出声音。汽车电喇叭由铁芯、磁性线圈、触点、衔铁、膜片等组成。当驾驶员按下喇叭开关时,电流经触点通过线圈,线圈产生磁力吸下衔铁,强制膜片移动,衔铁移动使触点断开,电流中断,线圈磁力消失,膜片在自身弹性和弹簧片作用下同衔铁一起恢复原位,触点闭合电路再次接通,电流通过触点流经线圈产生磁力,重复上述动作。如此反复循环膜片不断振动,从而发出音响。共鸣板与膜片刚性连接,可使振动平顺发出声音更加悦耳(即电磁铁原理)。

(1)螺旋形电喇叭。螺旋形电喇叭由山形铁芯、线圈、振动膜片、触点支架、触点和衔铁等组成。衔铁通过中心螺栓与振动膜片相连,膜片下固定有共鸣盘,膜片下部是扬声筒,扬声筒可为螺旋或筒形,如图2-6所示。

螺旋形电喇叭的工作原理:按下按钮,电路接通,电流回路为蓄电池→线圈→触点→按钮→蓄电池。线圈产生磁力,吸下衔铁,打开触点,电路被切断,磁力消失,衔铁复位,电路重新被接通。重复上述过程,衔铁不断上下移动带动膜片振动,通过共鸣器产生共鸣,由扬声器发出一定声调的音波,由扬声筒加强后传出。

(2)盆形电喇叭。盆形电喇叭的结构:电磁铁采用螺管式结构,铁芯上绕有线圈,上、下铁芯间的气隙在线圈中间,能产生较大的磁力,无扬声筒,而是将上铁芯、膜片和共鸣板固装在中心轴上,如图2-7所示。

盆形电喇叭的工作情况:盆形电喇叭工作原理与螺旋形电喇叭相同,当接通电路时,线圈产生磁力,上铁芯被吸下与下铁芯碰撞,产生较低的基本频率,并激励与膜片一体的共鸣板产生共鸣,从而发出比基本频率强得多且分布比较集中的谐音。

项目 2　发动机舱部件装配

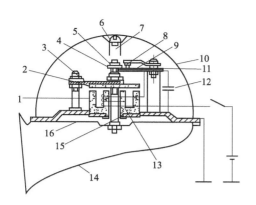

图 2-6　螺旋形电喇叭

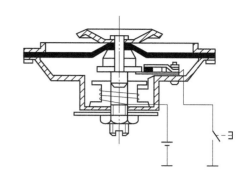

图 2-7　盆形电喇叭

1-铁芯；2-衔铁；3-弹片；4-调整螺母；5-锁紧螺母；6-螺钉；7-支架；8-活动触点；
9-固定触点；10-防护罩；11-绝缘片；12-灭弧电容；13-磁化线圈；14-传心筒；
15-中心螺杆；16-膜片

 小提示

电喇叭的调整：

(1)音调的调整：音调的高低取决于膜片振动的频率，而膜片的振动是由衔铁来驱动的，通过改变衔铁与铁芯之间的间隙可以改变膜片的振动频率，从而改变音调。间隙增大，频率下降，音调降低，反之升高。

(2)音量的调整：喇叭音量的大小取决于流过喇叭的电流。电流越大，音量也越大，反之则小。喇叭音量的调整是通过改变触点间的压力来调整电流大小的。

电喇叭音调和音量的调整并不完全独立，两者实际上是相互关联的，需反复调试才会获得最佳效果。

 3.ECU是汽车上的什么部件？安装在汽车的什么位置？它具有什么功能？

ECU(Electronic Control Unit)即电子控制单元，又称"行车电脑"、"车载电脑"等，从用途上看相当于汽车专用微机控制器。它和普通的电脑一样，由微处理器(CPU)、存储器(ROM、RAM)、输入/输出接口(I/O)、模数转换器(A/D)以及整形、驱动等大规模集成电路组成。

如图2-8所示为雅阁轿车ECU安装位置，ECU一般安装在仪表板、杂物箱或控制台中其他零件的下面或后面。

 小提示

ECM(Engine Control Module)指发动机控制模块，PCM(Power Control Module)指动力控制模块。ECM/PCM属于电子控制单元ECU。

ECU是现代汽车上必不可少的管理系统，其作用相当于一个中枢神经，里面储存了大量对应不同天

43

气环境与发动机工况下理想的燃油供应值和点火正时值组合。ECU 通过对来自众多传感器的进气管空气流量、进气温度、节气门的开启角度、曲轴位置等数据进行汇集、分析和计算,在千分之几秒内调节供油量来配合实时的环境和工况,再在形成理想比例的混合器进入汽缸后发出点火指令,保证汽缸内的燃料在最佳时机完全燃烧,在减少废气排放物和燃油消耗之余也提高了燃烧效率,增强了发动机的功率和转矩。

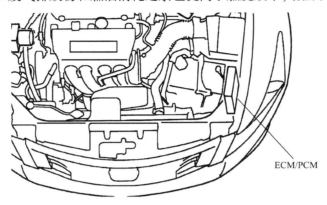

图 2-8　雅阁轿车 ECU 安装位置

目前在一些中高档轿车上,不但在发动机上应用 ECU,在其他许多地方也都使用了 ECU。例如防抱死制动系统、四轮驱动系统、电控自动变速器、主动悬架系统、安全气囊系统、多向可调电控座椅等,都配置有各自的 ECU。

二、计划与实施

 4. 在汽车制造厂,如何在发动机舱安装蓄电池总成部件?作为电源设备,安装蓄电池要注意哪些事项?

1. 蓄电池总成装配

制订蓄电池总成部件装配计划,填写表 2-1。

蓄电池总成部件装配计划　　　　表 2-1

工序	作业内容	品质基准	物料	工时(s)
1	安装蓄电池底板	规格无误		3.6
2	用 2 个 M8×20 螺栓紧固	力矩 21.6 N·m		
3	安装蓄电池底板支架	无漏装		
4	把蓄电池盒放到蓄电池底座上	方向正确		
5	蓄电池安装	规格无误		
6	装蓄电池盖	固定蓄电池		1.8
7	用蓄电池盖板支架固定蓄电池	盖板无变形		
8	紧固盖板支架 2 颗螺母	盖板无变形,蓄电池固定稳定		
9	连接蓄电池正极端子	极性连接正确		
10	连接蓄电池负极端子	极性连接正确		
11	紧固正极线自带 1 颗螺栓	力矩 4.4 N·m		
12	紧固负极线自带 1 颗螺栓	力矩 4.4 N·m		

按照计划并参考作业指导书2-1实施蓄电池总成的装配,检查装配品质。

作业指导书2-1

	作业内容	蓄电池安装			
序号	操作程序	品质基准	操作要点	安全注意事项	确认方法
1	蓄电池安装	规格无误	确认零件规格与安装位置一致	不要将规格有误的蓄电池错装	目视
2	装蓄电池盖,用蓄电池盖板支架固定蓄电池	固定蓄电池	将蓄电池盖板(D)装到支架(F)上,压在蓄电池顶部		目视
3	紧固盖板支架2颗螺母	盖板无变形,蓄电池固定稳定	均匀紧固盖板支架2颗螺母E直至蓄电池稳定	不要过度紧固螺母以免使蓄电池固定板变形	目视
4	安装后检查确认		蓄电池固定稳定		目视

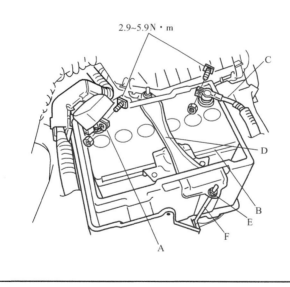

2. 蓄电池的极性端子连接与拆卸

连接蓄电池时极性端子连接必须正确。如蓄电池的极性端子连接有错,会造成电器零件损坏,如蓄电池二极管短路、分电器及发电机过电流而烧坏电器零件等,因此连接极性端子时应注意:

(1)先将正极电缆连接至蓄电池,后将负极电缆连接至蓄电池,将多用途润滑脂涂到端子上以防止腐蚀;

(2)必须将蓄电池的极性插头适当地固定于蓄电池端子上,接触应良好;

(3)必须避免蓄电池接线与金属零件之间产生短路现象;

(4)拆蓄电池的时候,应先拆负极,后拆正极。

小提示

蓄电池的正负接线柱的识别:

(1)新电池一般铸有"+"的接线柱为正,有"-"的接线柱为负;

(2)使用过的铅蓄电池,观察其接线柱自然颜色,呈深褐色的为正极,浅灰色的为负极;

(3)根据接线柱表面硬度判断,用螺丝刀在接线柱表面轻划,较坚硬的为正极,反之为负极;

(4)也可以用万用表电压挡检测。将万用表置于相应的电压挡位,测蓄电池电压,当指针偏摆正常时,红表笔对应的为正极,黑表笔对应的为负极。

3. 蓄电池的充电

对蓄电池适时充电,是延长蓄电池寿命,保持良好的技术状态的一种很重要的手段。

(1)充电设备:汽车上用发电机,实训室用充电机。

(2)充电方法:定压充电、定电流充电、脉冲快速充电。

在实训室和车上一般采用定压充电法给蓄电池补充充电,如使用充电机给蓄电池补充充电,充电时注意正、负极性端子的正确连接。

 5.现已完成发动机舱线束、地板线束等整车主线束的装配,如何在发动机舱安装喇叭部件?如何根据喇叭电路图在实车上检查喇叭电路的电气元件和线路?

1. 喇叭部件装配

制订喇叭部件装配计划,并填写表2-2。

喇叭部件装配计划　　　　　　　　　　　　　　　　　表2-2

工序	作业内容	品质基准	物料	工时(s)
1	车头高音喇叭安装	规格无误,无异物进入,蜗口向下	车头高音喇叭	
2	用1颗螺栓紧固	力矩21.6N·m		
3	车头低音喇叭安装	规格无误,无异物进入,蜗口向下		
4	用1颗螺栓紧固	力矩21.6N·m		
5	连接2个喇叭插头	无虚插,连接牢固		6.0

按照计划并参考作业指导书2-2实施喇叭部件的装配,检查装配品质。

项目 2　发动机舱部件装配

作业指导书 2-2

作业内容		车头高音喇叭安装		
序号	操作程序	品质基准	操作要点	安全注意事项	确认方法
1	确认喇叭规格	规格无误,无异物进入,蜗口向下	确认零件规格与安装位置一致。蜗口向下,以防止水直接流入喇叭口	规格错装,防止异物进入	目视
2	用1颗螺栓紧固	力矩21.6N·m	用风扳机将喇叭总成紧固,紧固螺栓时要注意风扳与车身垂直打入	防止滑牙	目视
3	安装后检查确认				目视

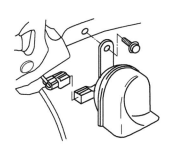

 小提示

多路集成控制系统(MICU):随着电子技术在广汽本田雅阁轿车上的广泛应用,汽车上的用电设备越来越多,线束的布设也越来越复杂,为减少线束数目,将数字信号通过共用多路传输线路传送,而不是像一般的电子信号那样通过单独的导线传送,这就是多路集成控制系统,也叫多路传输系统。

如图 2-9 所示,雅阁轿车上共有驾驶员侧MICU、乘客侧 MICU、车门多路控制单元 3 个多路集成控制系统(MICU),分别内置于驾驶员侧仪表板下熔断丝/继电器盒、乘客侧仪表板下熔断丝/继电器盒、电动车窗总开关中。

驾驶员侧 MICU 是主机,乘客侧 MICU 是子机。

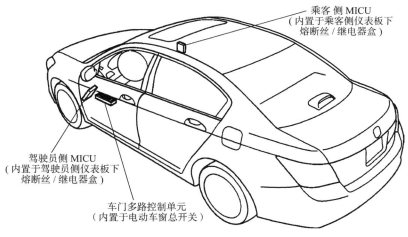

图 2-9　多路集成控制系统部件位置

2. 识读喇叭电路图

(1) 根据喇叭电路图图2-10,在实车上熟悉喇叭电路构造,识别喇叭电路的相关电气元件和线路。

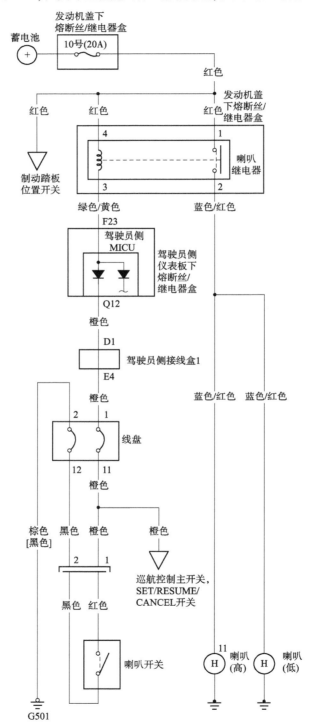

图2-10 雅阁轿车喇叭电路图

(2) 喇叭电路图电路分析。

① 继电器在喇叭电路中的应用。

如图2-10所示,该喇叭电路是用继电器来控制的。喇叭继电器是常开继电器,即平时是断开的。线圈所在的回路叫控制回路,触点所在的回路叫执行回路。

激励继电器线圈只需小电流,喇叭开关不必通过喇叭需要的大电流。喇叭开关闭合时,继电器所在电路接通,线圈通电,铁芯产生磁场,吸动继电器衔铁,衔铁将触点闭合,使得喇叭所在电路接通,蓄电池的电流便流过搭铁的喇叭,进而使喇叭执行工作。继电器的作用实质就是利用铁芯线圈的小电流控制继电器的常开触点流经的大电流,从而保护喇叭开关。

②喇叭电路工作原理。

当按下喇叭开关,即喇叭开关闭合时,蓄电池正极→(发动机罩下熔断丝/继电器盒)10号→(20A)→喇叭继电器→分成下列控制电路、执行电路并联2条电路。

a. 控制电路。

喇叭继电器线圈4→喇叭继电器线圈3→驾驶员侧MICU(驾驶员侧仪表板下熔断丝/继电器盒)→驾驶员侧接线盒1→线盘端子1→线盘端子11→连接器端子1→喇叭开关→连接器端子2→线盘端子12→线盘端子2→搭铁→蓄电池负极。此时,喇叭继电器线圈得电,使喇叭继电器常开触点吸合接通。

b. 执行电路。

喇叭继电器触点1→喇叭继电器触点2→分成2路:一路经高音喇叭后搭铁;一路经低音喇叭后搭铁→蓄电池负极。此时,高音喇叭和低音喇叭都同时得电,发出声响。

断开喇叭开关时,具体工作过程为:继电器线圈失电→继电器的常开触点断开→切断喇叭电路→喇叭停止发声。

 小提示

由喇叭电路图的识读可以得出汽车电路读图一般方法:

(1)继电器电路要分别分析继电器线圈与触点所在回路。

(2)电路读图的目的是找出正确回路(牢记回路原则),确定回路中的导线、连接器、熔断丝、继电器及各种元件,从而分析故障点。

(3)使用万用表测量喇叭电阻值,检查喇叭电路熔断丝、继电器、线路。

离车检测喇叭继电器的一般方法:

①用万用表检测喇叭继电器电磁线圈两端的连通性,即检测喇叭继电器4针插座3号和4号端子的导通性。

②用12V的蓄电池电压给线圈励磁,检测喇叭继电器4针插座1号和2号端子的导通性。

 小提示

喇叭电路的熔断丝、继电器、连接器、喇叭、喇叭开关等一般容易出现故障,检测时一般先查熔断丝、连接器、继电器的情况,再查喇叭、喇叭开关、线路等,如:喇叭插头端子松动、喇叭继电器触点烧蚀、喇叭开关接触不良等。

三、评价反馈

(1)请对发动机舱蓄电池、喇叭部件的装配情况进行检查,填写表2-3。

发动机舱蓄电池、喇叭部件装配品质检查　　　　　　表2-3

序号	项　　目	蓄电池、喇叭部件装配品质检查结果
1	是否有次品	
2	物料是否有损伤	
3	蓄电池支架是否安装	
4	蓄电池是否固定稳定	
5	喇叭蜗口是否朝下	
6	喇叭是否固定稳定	
7	喇叭连接器是否牢固连接	
8	是否将各螺栓紧固到规定力矩	
9	作业顺序是否正确	
10	总的装配作业工时是多少(单位:s)	
11	品质保证(OK/NG)	
12	工具使用是否正确	
13	是否规范完成场地和设备的整理、清洁等日常维护工作	
14	小组是否分工合理,配合良好	

(2)请根据图2-11所示,将蓄电池电源连接到端子(A),并将托架(B)与搭铁连接,对喇叭进行测试,将测试结果填入表2-4。除了此方法外,根据图2-10所示喇叭电路图,还能用什么方法判断喇叭的好坏?为什么一般喇叭连续发音过长(超过10s)容易损坏喇叭?

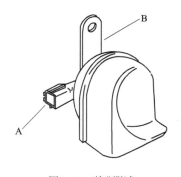

图2-11　喇叭测试

喇叭测试结果　　　　　　表2-4

序号	项　　目	测试结果
1	结果(喇叭是否鸣响,高音/低音)	
2	针对测试结果的措施	
3	根据图2-10所示喇叭电路图,描述其他判断喇叭好坏的方法	
4	为什么一般喇叭连续发音过长(超过10s)容易损坏喇叭	

 小提示

如果喇叭电路中不用继电器,其喇叭必定是低电流型,因为喇叭开关要通过总的电流,打开喇叭开关便会接通从蓄电池至喇叭的电路。

（3）请描述你如何解决在本任务学习中遇到的某个或某些问题、困难，并说出从中取得的收获。

任务2　发动机舱制动部件装配

⇨ 任务目标

1. 认识制动总泵、助力器、ABS泵总成等制动部件的组成及安装位置；
2. 解释发动机舱制动部件的工作原理；
3. 在教师指导下，识读作业指导书，能按工艺要求使用工具正确装配制动部件。

建议学时：**14学时**。

⇨ 任务描述

在老师的指导下，根据作业指导书，制订制动部件装配计划，通过小组合作正确完成制动总泵、真空助力器、ABS泵总成等制动部件的装配，如图2-12所示。

图2-12　制动部件的装配

汽车制动系统是强制汽车减速直至停车，并可使汽车在坡道或平地停放而不溜车的装置。发动机舱内的制动部件包括制动总泵、真空助力器、ABS泵总成、碰撞传感器等，其装配品质对行车安全至关重要。

一、学习准备

1. 制动总泵是驾驶员控制制动系统工作的桥梁，其安装在汽车上什么位置？有什么作用？工作原理是怎样的？

1. 制动系统的分类

制动系统按使用目的可分为行车制动和驻车制动。

行车制动器是通过踩踏制动踏板以液压(气压)方式进行操纵的，它在行车过程中使用。

驻车制动器是通过拉紧驻车制动器操纵杆以机械方式操纵的，用于停车时使车辆固定不动，如

图2-13所示为驻车制动器组成分解图。

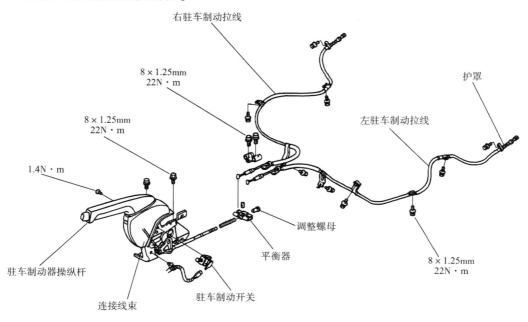

图2-13 驻车制动器组成分解图

注意：两套机构相互独立，但同时存在。

按制动器类型可分为盘式制动器和鼓式制动器。

如图2-14所示为行车制动系统工作原理图，其中各部件功能为：

制动主缸指单向作用活塞式油泵。将制动踏板输入的机械能转化成液压能输出。

制动轮缸指单向单活塞或双活塞式油缸。将油管输入的液压能转化为机械能，提供制动器的驱动力。

制动油管由金属管路和橡胶软管组成。连接制动主缸和制动轮缸，传递液压能。

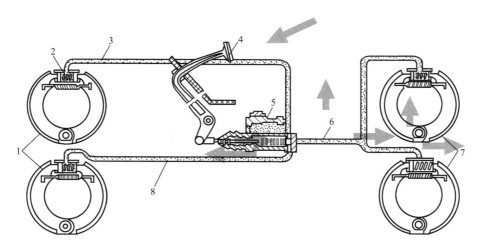

图2-14 行车制动系统工作原理

1-前轮制动器；2-制动轮缸；3、6、8-油管；4-制动踏板机构；5-制动主缸；7-后轮制动器

2. 制动泵总成的安装位置

如图 2-15 所示,制动泵总成包括真空助力器(制动助力器)、总泵、制动液储液罐。如图 2-16 所示为制动泵总成及 ABS 模块的安装位置。

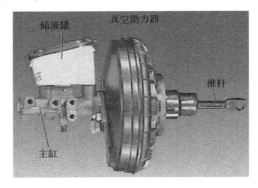

图 2-15 制动泵总成的结构

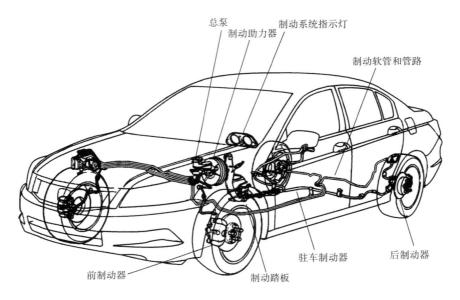

图 2-16 制动泵总成及 ABS 模块的安装位置

小提示

常用制动液的型号有 DOT3 和 DOT4。制动液具有吸水性,因此制动液不能长期暴露在空气中。制动液会腐蚀车身油漆。制动液一般 2 年或 4 万公里更换一次。

合格的制动液有以下特性:在高温、严寒、高速、湿热等工况条件下保证灵活传递制动力,对制动系统的金属和非金属材料没有腐蚀性,能够有效润滑制动系统的各部件。

3. 制动总泵的组成及工作原理

制动主缸、制动液储液罐组成制动总泵。如图 2-17 所示,制动总泵的主要作用是推动制动液传输至各个制动分泵之中,推动活塞,将驾驶员踩到制动踏板上的力转化为制动液的高压油压,并传递到四个车轮制动器,以使汽车减速或停车。

如图2-18所示为串列双腔制动主缸的构造图。它可以实现双回路的液压控制。也就是串列两个活塞在同一个油缸体内,通过控制制动踏板,对前后轮分别输送制动液从而达到制动的效果。

如图2-19所示为制动总泵工作原理:制动时,驾驶员踩制动踏板,推杆向前推动主缸第二活塞,活塞带动皮碗一起向前移动,当补液孔被盖住时,具有一定压力

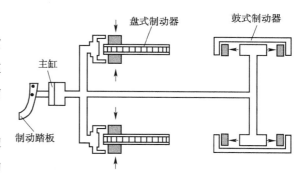

图2-17 制动总泵的作用

的制动液将被输送到车轮制动器,使制动器工作。解除制动后,主缸内的复位弹簧迫使活塞迅速移回原位,活塞移动的速度快于制动液流回主缸的速度,为了避免在活塞移动时,在其前腔产生低压区,而影响活塞的复位速度,必须在活塞移动时,适时地为活塞前腔补充制动液。储液罐中的制动液通过排液孔流到活塞后腔。

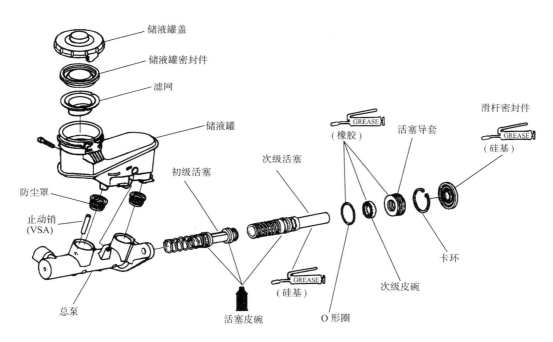

图2-18 串列双腔制动主缸组成

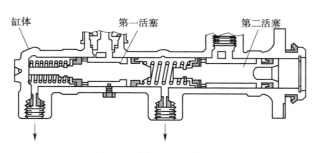

图2-19 制动总泵工作原理

4. 真空助力器的组成及工作原理

如图 2-20 所示，真空助力器装配在制动踏板与制动总泵之间。

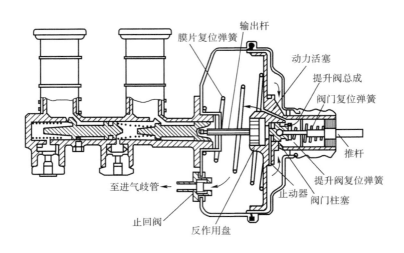

图 2-20 真空助力器安装位置

如图 2-21 所示，真空助力器是一个直径较大的腔体，内部有一个中部装有推杆的膜片（或活塞），将腔体隔成两部分，一部分与大气相通，另一部分通过管道与发动机进气管相连，主要由泵体、转子、滑块、泵盖、齿轮、密封圈等零件组成。

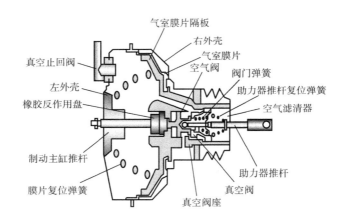

图 2-21 真空助力器的结构

真空助力器是利用真空压力与大气压力之间气压差产生助力效果，将较小的制动踏板压力放大为较大的制动力。它通常利用发动机进气管的真空为力源，对液压制动装置进行加力。用人力来控制制动踏板，是件费力的事情，特别是盘式制动器需要更大的制动力。因此使用盘式制动器的轿车，一般都配有制动助力器。真空制动助力器分增压式和助力式两种，最常见的是助力式真空制动助力器。它在制动踏板和制动主缸之间，装有一个膜片式的助力器。膜片的一侧与大气连通，在制动时，使另一侧与发动机进气管连通，从而产生一个比踏板力大几倍的附加力。此时，主缸的活塞除了受踏板力外，还受到真空制动助力器产生的力，因此可以提高液压，从而减轻踏板力。

如图2-22所示,当真空助力器工作时,带有四个滑块的偏心转子按逆时针方向旋转,滑块在自身旋转运动的作用下,紧贴着泵体内壁滑行,吸气工作室不断扩大,被抽气体通过吸气管打开止回阀(泵内装止回阀,对系统起保压作用)进入吸气工作室。当滑块转至一定位置时,吸气完毕。此时,吸入的气体被隔离,转子继续旋转,被隔离的气体被逐渐压缩——压力升高。当工作室转至与出气孔相通时,气体从出气孔排出。泵工作过程中,滑块始终将泵腔分成四个工作室,转子每转一周,有四次吸气和排气过程。

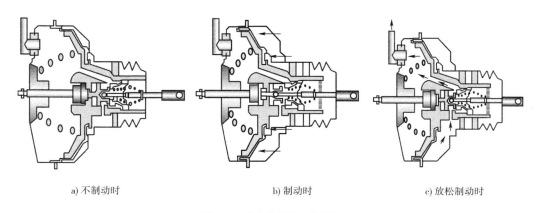

a) 不制动时　　　　b) 制动时　　　　c) 放松制动时

图2-22　真空助力器工作原理

 2. 当汽车在潮湿的路面上或是有积雪的道路上进行紧急制动时,车辆尾部多会翘起,严重时车辆会打转,汽车上采用什么部件来避免这些现象的发生?它由哪些部件组成?其工作原理是怎样的?

1. ABS泵总成的作用和组成

如图2-23所示,在积雪的路面上,由于出现行驶轮迹,以及部分路面从积雪中露出,这时如果车辆的左右车轮中有一个车轮行驶在无雪的道路上,而另一个车轮行驶在积雪的道路上,就极有可能发生车辆打转的现象。如果在这样的道路上进行紧急制动,就很难掌握转向盘。如果在弯曲的道路上,车辆会从路肩冲出去,也极有可能闯入对向车道中。

在汽车制动时,如果车轮抱死滑移,车轮与路面间的侧向附着力将完全消失。轮胎一旦发生抱死,转向盘将无法控制方向,车辆就会处于不稳定的状态。这时,如果能

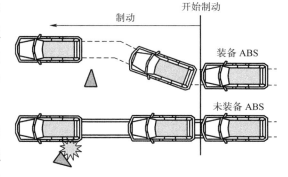

图2-23　有无ABS制动情况对比

够微妙地调整踩踏制动踏板的力度,就可能使车辆摆脱不稳定状态。ABS的功能是防抱死控制。ABS能够对车辆的四个轮胎分别施加这种微妙的制动控制,不仅能够减少事故的发生,还能让驾驶员轻松地对车辆进行稳定、有效的制动,同时确保转向盘的控制作用。使用ABS能系统精确地控制车轮的滑移率,以确保轮胎的最大附着力,因此也确保了车辆的操纵性和稳定性。

小词典

ABS：是 Antilock Brake System 的缩写,是指汽车在紧急制动过程中,能实时判定车轮的滑移率(控制在20%范围内),自动调节作用在车轮上的制动力矩,防止车轮抱死,取得最佳制动效能的电子装置。

ABS 模块安装位置如图 2-24 所示。ABS 是在传统制动基础上,又增设如下装置:车轮轮速传感器、电子控制单元(ECU)、制动压力调节装置、ABS 警告灯、制动控制电路等组成的。

2. ABS 部件的工作原理

ABS 模块是一个系统,零件分布在不同地方。四个车轮装四个车速传感器和信号发生器,ABS 电脑和 ABS 泵组合在一起,装在发动机舱内的大梁上,如图 2-25 所示。

图 2-24　ABS 调节器安装位置

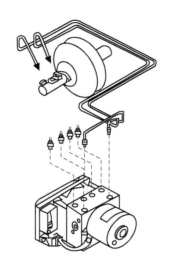

图 2-25　ABS 与制动总泵的连接

小提示

轮速传感器功用:检测车轮的速度,并将速度信号输入 ECU。类型有电磁式轮速传感器、霍尔式轮速传感器。

每个车轮上安置一个转速传感器,它们将各车轮的转速信号及时地输入电子控制单元(ECU)。电子控制单元(ECU)是 ABS 系统的控制中心,它根据各个车轮转速传感器输入的信号对各个车轮的运动状态进行监测和判定,并形成响应的控制指令,再适时发出控制指令给制动压力调节器。制动压力调节器是 ABS 系统中的执行控制装置,它主要由调压电磁阀总成、电动泵总成和储液器等组成一个独立的整体,通过制动管路与制动主缸和各制动轮缸相连,制动压力调节器受电子控制单元(ECU)的控制,对各制动轮缸的制动压力进行调节。警示装置包括仪表板上的制动警告灯和 ABS 警告灯。

ABS 的主要工作原理是 ABS 系统通过轮速传感器对相应车轮的转速进行实时监测,当某一车轮出现抱死倾向时系统立即响应,通过减小相应车轮的制动力来消除即将发生的抱死现象,如图2-26所示。

ABS工作可分为常规制动、制动压力保持、制动压力减小和制动压力增大等阶段,如图2-27所示。

(1)常规制动阶段。

在常规制动阶段,ABS系统不起作用,调压电磁阀总成中的进液电磁阀、出液电磁阀均不通电,进液电磁阀处于开启状态,出液电磁阀则处于关闭状态;制动主缸至各制动轮缸的制动管路均处于沟通状态;电动油泵也不通电运转,制动轮缸至储液器的制动管路均处于封闭状态,各制动轮缸的制动压力将随制动主缸的输出压力变化而变化,此时的制动过程与常规制动系统过程完全相同。

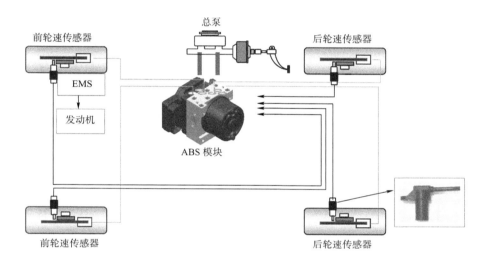

图2-26 ABS工作原理一

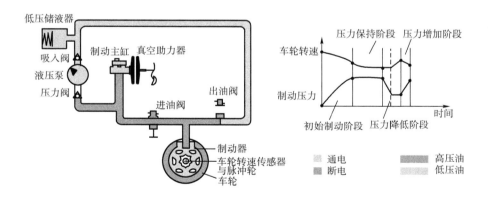

图2-27 ABS工作原理二

(2)制动压力保持阶段。

在制动过程中,电子控制单元(ECU)根据车轮转速传感器输入的车轮转速信号判定有车轮趋于抱死时,ABS就进入防抱死制动压力调节过程。如电子控制单元(ECU)判定右前轮趋于抱死时,电子控制单元(ECU)就输出控制指令使右前轮的进液电磁阀通电而转入关闭状态,制动主缸中的制动油液不再进入右前轮的制动轮缸。而右前轮出液电磁阀仍不通电而处于关闭状态,则右前轮制动主缸中的制动液也不会流出。此时,右前轮制动轮缸的制动压力就保持一定,而其他未趋于抱死的车轮制动轮缸内油液压力仍随制动主缸输出压力的增大而增大。

(3)制动压力减小阶段。

当右前轮制动轮缸的制动压力保持一定时,若电子控制单元(ECU)判定右前轮仍然处于抱死,则输出控制指令使右前出液电磁阀也通电而转入开启状态。右前轮制动轮缸中的部分制动液经开启的出液电磁阀流回储液器,制动轮缸内的制动压力减小,右前轮的抱死趋势开始消除。

(4)制动压力增大阶段。

随着右前轮制动轮缸内制动压力的迅速减小,右前轮会在汽车惯性力的作用下逐渐加速。当电子控制单元(ECU)判定右前轮抱死趋势已完全消除时,就输入控制指令使进液电磁阀和出液电磁阀均断电,则进液电磁阀恢复开启状态,出液电磁阀恢复关闭状态。同时也使电动油泵通电运转向制动轮缸泵送制动液。由制动主缸输出的制动液和电动泵泵送的制动液均经过开启的进液电磁阀进入右前轮制动轮缸,使右前轮制动轮缸内的制动压力迅速增大,右前轮又开始减速转动。

ABS控制系统通过使趋于抱死车轮的制动压力循环往复地经历保持—减小—增大过程,而将趋于抱死车轮的滑移率控制在最大附着系数的范围内,直至汽车速度减小到很低或者制动主缸的压力不再使车轮趋于抱死时为止。

二、计划与实施

3.现已完成整车主线束的装配,如何完成发动机舱制动(制动泵总成、ABS泵总成)部件的装配?

1.发动机舱制动泵总成装配

(1)制订发动机舱制动泵总成装配计划,填写表2-5。

发动机舱制动泵总成装配计划　　表2-5

工序	作业内容	品质基准	物料	工时(s)
1	取制动泵总成	规格正确,无外伤		
2	连接制动泵总成软管	接口紧贴		
3	用钳子卡好卡箍	卡箍固定在离管口4±1mm		
4	将制动泵总成装上车	定位准确		
5	预紧制动泵总成右下螺母	预紧5牙以上		
6	连接制动泵插头	完全卡入,无虚插		

（2）实施发动机舱制动泵总成装配。按照计划并参考作业指导书 2-1～作业指导书 2-3 实施发动机舱制动泵总成装配，检查装配品质。

作业指导书 2-1

作业内容		制动泵总成与制动软管连接安装			
序号	操作程序	品质基准	操作要点	安全注意事项	确认方法
1	将制动软管①连接到制动泵总成②，白点朝上	接口紧贴	制动软管白点向上、管插到尽头如视图 Z 所示，确保安装制动油管时，真空泵上的防尘帽不被摘下	注意防止异物进入，制动失灵	目视
2	用钳子将制动软管自带卡箍固定在软管前端	卡箍固定在离管口 4±1mm	卡箍固定位置要在范围之内，开口朝上如视图 Z 所示		目视
3	安装后检查确认	卡箍固定在离管口 4±1mm	确认软管是否紧贴真空泵，卡箍是否固定		目视

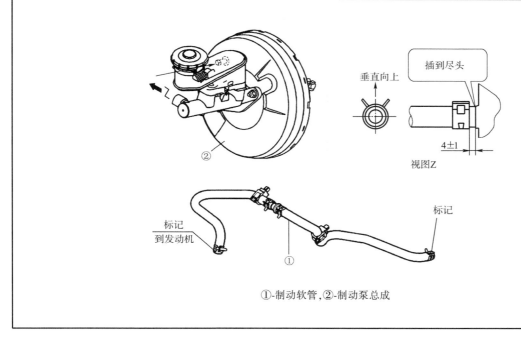

①-制动软管，②-制动泵总成

作业指导书 2-2

作业内容		制动泵总成安装			
序号	操作程序	品质基准	操作要点	安全注意事项	确认方法
1	将制动泵总成安装到发动机舱内		与车身的孔位对齐，防止划花车身	小心车体划伤手部	目视
2	用螺母预紧制动泵总成右下角螺柱（5牙以上）	预紧5牙以上	手抓紧螺母从安装转向节的车身孔伸进车内预紧	防止螺栓掉入车内	目视

续上表

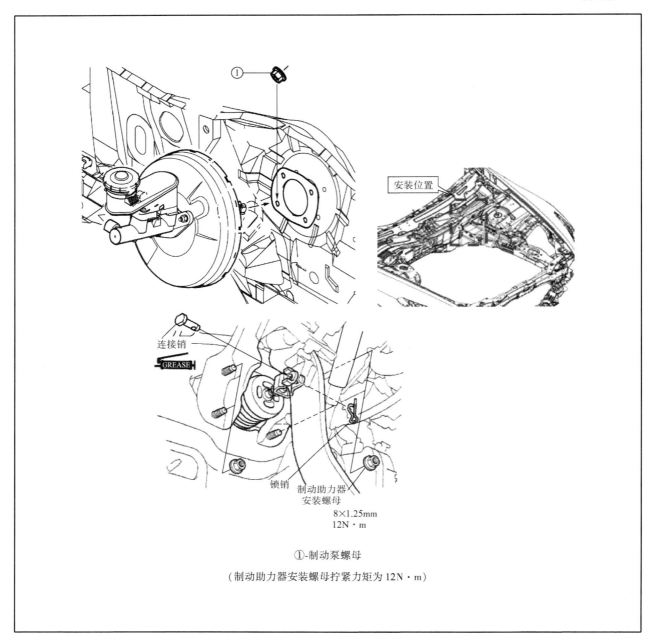

①-制动泵螺母

(制动助力器安装螺母拧紧力矩为12N·m)

作业指导书2-3

序号	作业内容		制动泵插头连接		
	操作程序	品质基准	操作要点	安全注意事项	确认方法
1	将制动泵线束插头与制动泵连接	完全卡入,无虚插	连接插头时要垂直,固定时要听到"咔嚓"声,然后反方向轻拉插头	注意虚插,制动失灵	目视
2	安装后检查确认		回拉插头确认是否插紧		目视

续上表

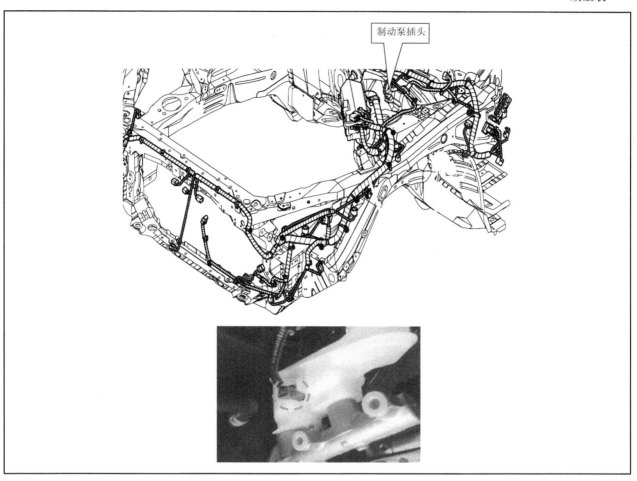

2. 机舱 ABS 泵总成装配

(1)制订装配发动机舱 ABS 泵总成计划,填写表 2-6。

装配发动机舱 ABS 泵总成计划　　　　　　　　　表 2-6

工序	作业内容	品质基准	物料	工时(s)
1	ABS 泵总成安装	无外伤、无变形,防尘套无脱落		
2	目视确认右侧 ABS 油管固定卡夹安装状态(2个)	固定牢固		
3	紧固 ABS 模块螺栓 3 粒	参考力矩 3~6N·m		
4	固定 ABS 模块支架上发动机舱右线束插头胶钉 1 粒	胶钉固定		
5	用手预紧车底油管 2 根(C/D 油管)	无滑牙、无异物		
6	将 C/D 油管卡入卡夹	完全卡入,油管无反弹		
7	C/D 油管一次拉力检查并点油	参考力矩 3~6N·m		

(2)实施发动机舱 ABS 泵总成装配。按照计划并参考作业指导书 2-4~作业指导书 2-6 实施发动机舱 ABS 泵总成装配,检查装配品质。

作业指导书 2-4

作业内容		ABS 泵总成安装			
序号	操作程序	品质基准	操作要点	安全注意事项	确认方法
1	确认 ABS 泵总成、和油管	无外伤、无变形	目视检查	小心砸脚,小心外伤变形	目视
2	ABS 泵总成安装	防尘套无脱落	先将 ABS 泵总成表面的防尘纸撕开,将 ABS 安装进发动机舱,将 X 管伸进 A 孔,再将 W 管垂直伸进 B 孔,装配后确认 A 孔和 B 孔的防尘套无脱落	小心头部撞到发动机罩,小心刮花车身、油管外伤	目视
3	安装后确认	无划花	检查安装时是否造成划花	小心头部撞到发动机罩,小心划花	目视

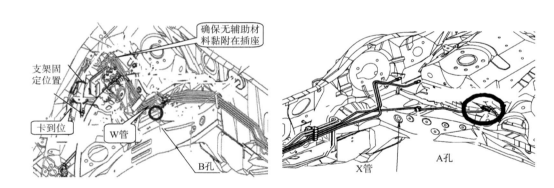

项目 2　发动机舱部件装配

作业指导书 2-5

作业内容		紧固 ABS 泵总成		
序号	操作程序	品质基准	操作要点	安全注意事项	确认方法
1	将 ABS 模块支架摆放到预紧的螺栓上	总成无掉落	将支架上面的卡位卡在螺栓上，并将支架另外两个孔位对准螺孔	小心夹伤手指，防止支架螺孔不对位	目视
2	紧固 3 颗 ABS 模块螺栓①	参考力矩 3～6N·m	用风扳按照 *1、*2 的顺序将支架紧固，再增紧固定螺栓 *3	小心头部撞到发动机罩，防止螺纹滑牙、支架不稳固	目视

作业指导书 2-6

作业内容		紧固 C、D 油管		
序号	操作程序	品质基准	操作要点	安全注意事项	确认方法
1	用手拧紧 C、D 两条车底油管	无滑牙、无异物	将 C、D 两条油管对准模块螺孔，用手拧紧	头部撞到发动机罩，防止滑牙、异物	目视
2	将 C、D 两条油管卡入卡夹	油管无反弹	确认完全卡入，无反弹，目视确认右侧 ABS 油管固定卡夹安装状态	防止油管反弹	目视
3	用扭力扳手对 C、D 油管进行拉力确认	参考力矩 3～6N·m	用手分别扶稳 C、D 油管，使 C、D 油管口与 ABS 总成的表面呈垂直状态，并进行拉力，确认听到扳手自动断开的"咔嚓"声，拉力时确认 C、D 油管无变形，油管必须垂直 ABS 总成，并点油确认	防止漏油、油管干涉	目视

65

续上表

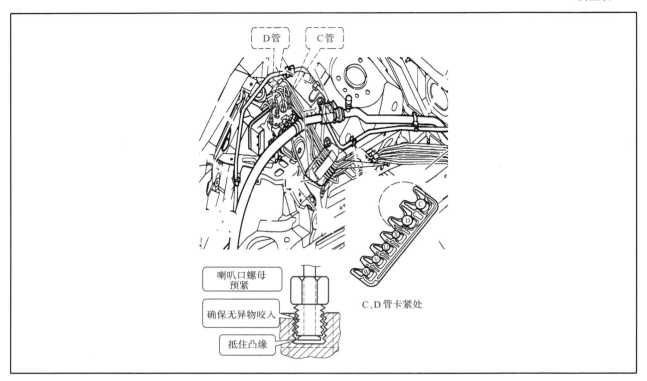

三、评价与反馈

(1) 请对发动机舱制动部件的装配情况进行检查,填写表2-7。

发动机舱制动部件装配品质检查　　　　　　表2-7

序号	项　　目	发动机舱制动部件装配品质检查结果
1	是否有次品	
2	物料是否有损伤	
3	制动软管是否紧贴真空泵,卡箍是否固定	
4	制动泵线束插头是否与制动泵插紧	
5	C、D油管是否与ABS总成的表面呈垂直状态	
6	油管拉力是否达到规定力矩	
7	油管是否变形、干涉	
8	是否将各螺栓紧固到规定力矩	
9	作业顺序是否正确	
10	作业工时是多少(单位:s)	
11	品质保证(OK/NG)	
12	工具使用是否正确	
13	是否规范完成场地和设备的整理、清洁、保养等日常维护工作	
14	小组是否分工合理,配合良好	

(2) ABS 调节器包括进口电磁阀、出口电磁阀、储液罐、泵、泵电动机和缓冲室。调节器直接减小制动钳液压。因为制动液通过制动钳、储液罐和总泵循环,所以是循环型调节器。请根据图 2-28 分析该管路在液压控制三种模式(压力增强、压力保持、压力减小)下进口电磁阀、出口电磁阀的状态(开启/关闭)以及制动液的流向,填写表 2-8。

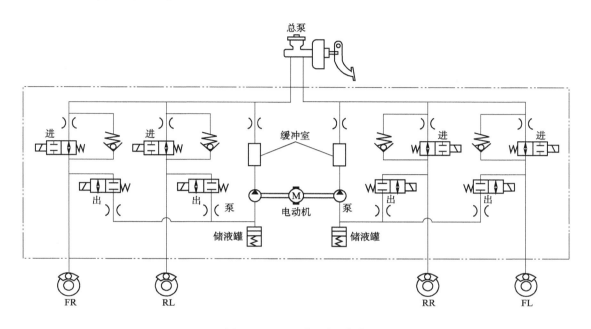

图 2-28 ABS 调节器液压管路

ABS 调节器液压管路分析 表 2-8

模式	进口电磁阀(开启/关闭)	出口电磁阀(开启/关闭)	制动液的流向
压力增强			
压力保持			
压力减小			

 小提示

电动机将继续运行直到第一个压力减小模式下一个防抱死制动系统控制的操作被完成。液压管路是四路并联回路,一路针对一个车轮。

(3) 请描述你如何解决在本任务学习中遇到的某个或某些问题、困难,并说出从中取得的收获。

_____
_____
_____
_____

任务3　发动机舱散热器总成装配

> ⇨ **任务目标**
> 1. 叙述发动机舱散热器总成的组成和安装位置;
> 2. 分析发动机舱散热器总成的功能和工作原理;
> 3. 在教师指导下,识读作业指导书,按工艺要求使用工具正确装配发动机舱散热器总成部件。
>
> **建议学时:6学时。**
>
> ⇨ **任务描述**
> 在老师的指导下,根据作业指导书,制订发动机舱散热器总成装配计划,通过小组合作正确完成发动机舱散热器总成的装配。

为了避免发动机过热,燃烧室周围的零部件包括缸套、缸盖、气门等必须进行适当的冷却。散热器总成属于汽车发动机冷却系统,它通过降低发动机冷却液温度,使发动机保持在正常温度范围内(80℃~90℃)连续工作。

一、学习准备

1. 散热器总成安装在汽车什么位置？其结构是怎样的？

1. 散热器总成的安装位置和组成

如图2-29所示,散热器总成一般安装在汽车发动机舱的前部,以汽车行驶方向为准,依次为冷凝器总成和散热器总成。

图2-29　发动机舱散热器总成安装位置

散热器总成包括散热器和冷却风扇。为了将散热器传出的热量尽快带走,在散热器后面装有风扇与散热器配合工作。

小提示

冷凝器属于空调制冷系统。散热器后面有 2 个风扇,从功能上区分为一个是散热器风扇,另外一个是空调冷凝器风扇。

(1)散热器。

散热器由上储水室、下储水室、散热器盖及散热器芯等组成(图 2-30)。散热器又称为水箱。

散热器的材质主要为铝质或铜质,前者用于一般乘用车,后者用于大型商用车。散热器材质是金属,不耐腐蚀,所以应避免其和酸碱等有腐蚀性的溶液接触,以免遭到损伤。

(2)冷却风扇。

如图 2-30 所示,冷却风扇置于散热器后面,其功用是当风扇旋转时吸进空气使其通过散热器,提高流经散热器的空气流速和流量,以增强散热器的散热能力,加快冷却液的冷却速度。冷却风扇有导风罩,采用电动机驱动,冷却强度随发动机热工况而调节。

2. 散热器芯

散热器芯是散热器的主要部件,如图 2-31 所示,散热器芯由散热片和散热管(也称水管)组成。

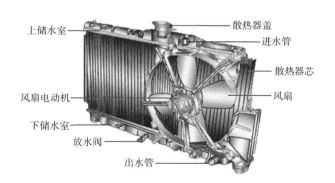

图 2-30 汽车散热器总成的组成

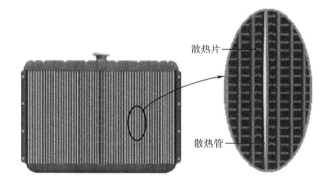

图 2-31 散热器芯的构造

散热器芯的结构形式分为板式、管片式、管带式,如图 2-32 所示,常用的有管片式和管带式。

管片式散热器芯部是由许多细的冷却管和散热片构成,冷却管大多采用扁圆形截面,以减小空气阻力,增加传热面积。散热器芯部应具有足够的通流面积,让冷却液通过,同时也应具备足够的空气通流面积,让足量的空气通过以带走冷却液传给散热器的热量。同时还必须具有足够的散热面积,来完成冷却液、空气和散热片之间的热量交换。

轿车上常用的是管带式散热器,如图 2-33 所示。散热器水管内装有冷却液。管带式散热器铝制水管做成扁平形状,由波纹状散热带和冷却管相间排列经焊接而成,安装方向垂直于空气流动的方向。与管片式散热器相比,管带式散热器在同样的条件下,散热面积可以增加 12% 左右,另外散热带上开有扰动气流的类似百叶窗的孔,以破坏流动空气在散热带表面上的附着层,提高散热能力。

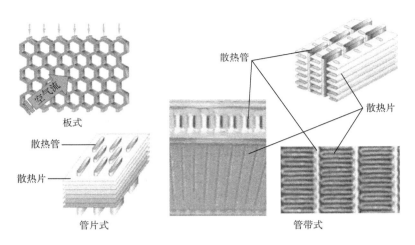

图 2-32 散热器芯的类型

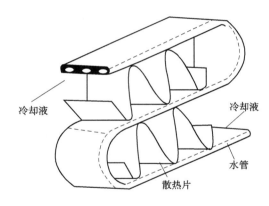

图 2-33 管带式散热器芯结构

小提示

冷却液：又称防冻液，是水（最好是软水）与防冻剂（常用乙二醇，Ethylene glycol）的混合物。

为了适应冬季行车的需要，在水中加入防冻剂制成冷却液以防止循环冷却水的冻结。最常用的防冻剂是乙二醇。冷却液中水与乙二醇的比例不同，其冰点也不同，如50%的水与50%的乙二醇混合而成的冷却液，其冰点约为 −35℃。

在水中加入防冻剂还同时提高了冷却液的沸点。因此，防冻剂有防止冷却液过早沸腾的附加作用。

防冻剂中通常含有防锈剂和泡沫抑制剂。在使用过程中，防锈剂和泡沫抑制剂会逐渐消耗殆尽，因此，定期更换冷却液十分必要。

在防冻剂中一般还要加入着色剂，使冷却液呈蓝绿色或黄色以便识别。

3. 散热器盖

散热器盖（图 2-34）是散热器上注水箱注水口的盖子，包括蒸汽阀和空气阀，其作用是密封水冷系统,调节系统压力。闭式水冷系统压力高,冷却液沸点高,可减少冷却液外溢及蒸发损失。

散热器盖的工作过程:冷却液温度升高后,液体膨胀使系统压力增大。压力超过预定值时,蒸汽阀开启,一部分冷却液流入膨胀水箱。停机后冷却液温度降低,冷却系统压力降低。低于大气压力时,空气阀开启,冷却液由膨胀水箱流回散热器。

4. 冷却液在散热器内流动形式

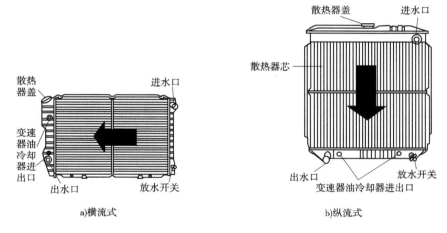

图 2-34 散热器盖的结构

如图 2-35 所示,冷却液在散热器内流动形式有纵流和横流。轿车大多采用横流式。

图 2-35 冷却液在散热器内流动形式

2.散热器总成是水冷式汽车发动机冷却系统的关键部件,它是如何对发动机进行冷却以保证发动机在正常温度范围内连续工作的?

发动机冷却方式一般分为水冷和风冷。

（1）水冷系统。

如图 2-36 所示,发动机水冷系统一般由散热器、节温器、水泵、缸体水道、缸盖水道、风扇等组成。

水冷以冷却液（水和各种添加剂）为冷却介质,冷却液被强制导入发动机缸体和缸盖的水道中,将混合气燃烧的多余热量带出气缸,散发到大气中。散热后的水再重新流回到受热机件处,通过调节水路和冷却强度保持发动机的正常工作温度。同时,还可用热水预热发动机,便于冬季起动。

散热器负责循环水的冷却,冷却液在散热器芯内流动,空气在散热器芯外通过。热的冷却液由于向空气散热而变冷,冷空气则因为吸收冷却液散出的热量而升温。所以汽车散热器总成是一个热交换器,它利用流进散热器芯缝隙中空气流来带走散热器中冷却液热量,达到降低冷却液温度的目的。增大散热面积,可加速水的冷却。冷却水经过散热器后,其温度可降低 10~15℃。

目前,汽车发动机上基本采用循环式水冷系统,冷却液的循环路线如图 2-37 所示。

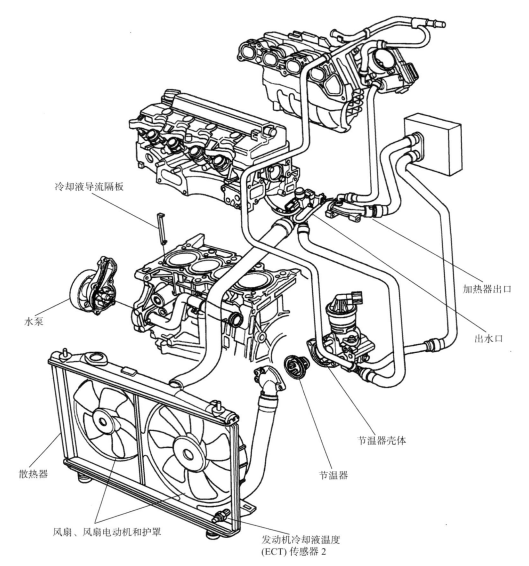

图 2-36 发动机冷却系统

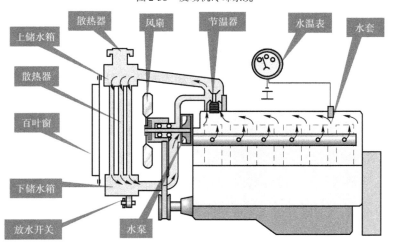

图 2-37 冷却液的循环路线

①大循环回路:当冷却液的温度超过一定值(90℃),冷却液在节温器的控制下全部经过散热器,水泵从散热器抽吸经过冷却的冷却液送入气缸水套。

②小循环回路:当冷却液的温度低于规定值(80℃),冷却液在节温器控制下不经过散热器,冷却强度小。

当冷却液的温度在两个规定值之间时,大小循环同时存在。

(2)风冷系统。

如图 2-38 所示,风冷是以空气作为冷却介质,在发动机缸盖和缸体四周装上散热片,空气流导入散热片四周,将气缸内多余的热量带出发动机外的冷却方式。

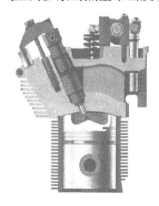 

图 2-38　风冷系统

风冷系统与水冷系统比较,其结构简单,使用和维修方便,由于发动机与空气间温差大,故风冷系统的散热能力对气温变化敏感。但风冷系统还存在冷却不够可靠,消耗功率大和噪声大等缺点。

 3.进入汽车发动机的空气是如何过滤的?空气滤清器的组成、安装位置及工作原理是怎样的?

空气滤清器简称空滤,位于发动机进气系统中,是对空气进行净化的装置,它由壳体和滤芯组成,滤芯布置在壳体内。如图 2-39 所示为空气滤清器的结构示意图。

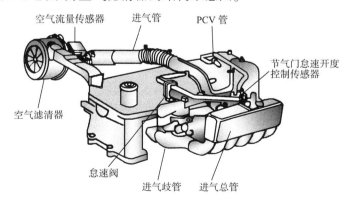

图 2-39　空气滤清器的结构示意图

在外部空气进入发动机时,空气滤清器可从空气中除去灰尘和其他颗粒,给发动机气缸提供清洁的空气,减少杂物对活塞、气缸等装置的磨损,确保发动机正常高效运转,对发动机的维护有很大的积极作用。就像人的鼻腔一样,空气滤清器是发动机的"鼻子"。空气滤清器滤芯必须定期地清洗或更换。

空气滤清器滤芯的类型包括:纸质滤芯型、织物滤芯型、油浴型。汽车上使用最广泛的类型是纸质滤芯型。

空气滤清器被一个密封壳体覆盖,进气管连接在此壳体上方。要更换空气滤清器就要拆开这个壳体盖。

二、计划与实施

4.现已完成发动机舱线束、地板线束等整车主线束的铺设,如何完成发动机舱散热器总成的装配?

(1)制订装配发动机舱散热器总成计划,并填写表2-9。

装配发动机舱散热器总成计划　　　　　　　　　　　　　　　　　表2-9

工序	作业内容	品质基准	物料	工时(s)
1	取散热器安装到车身	无偏位		
2	目视确认散热器上水管规格及安装状态	规格无误		
3	散热器总成规格确认	规格无误		
4	散热器盖表面外观确认	无外伤、无变形		
5	安装右散热器上部托架	无偏位		
6	安装左散热器上部托架	无偏位		
7	调整散热器的位置	无偏位		
8	用4粒螺栓紧固散热器	参考力矩3~6N·m		

(2)实施发动机舱散热器总成装配。按照计划并参考作业指导书2-7实施发动机舱散热器总成装配,检查装配品质。

作业指导书2-7

作业内容		安装左右散热器上部托架			
序号	操作程序	品质基准	操作要点	安全注意事项	确认方法
1	将散热器安装到发动机舱前部横梁下部	无偏位	安装散热器前先拿出线束,散热器底部缓冲胶完全放到车身孔内	小心夹伤手部,防止散热器移位	目视
2	把支架①和②放到散热器定位柱上	无偏位	先确认散热器上部支力、散热器支架是否对应,将定位卡入前横梁内,再将散热器支架套入散热器定位柱上	松动	目视
3	用4颗螺栓③紧固散热器支架	参考力矩3~6N·m	紧固螺栓时要注意风扳与车身垂直打入,如图A所示		目视

项目 2　发动机舱部件装配

续上表

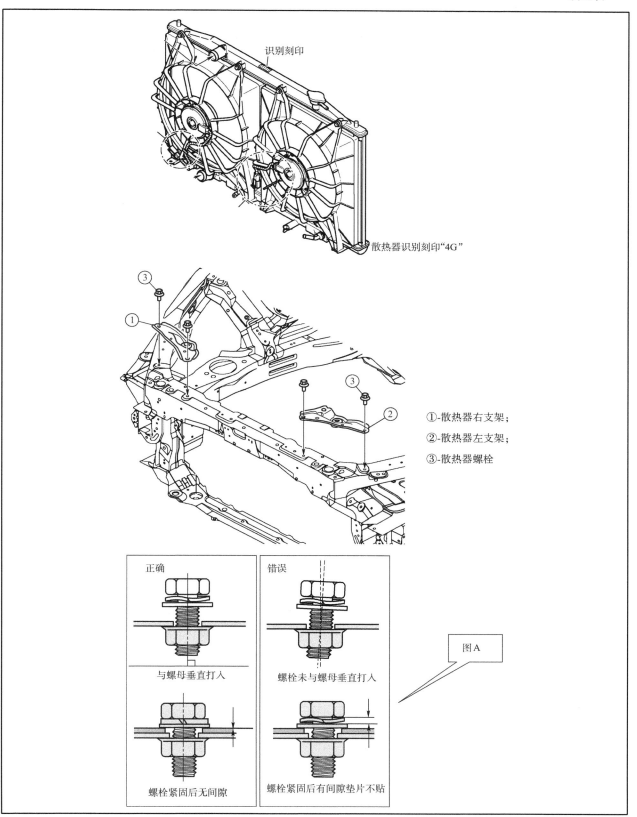

①-散热器右支架；
②-散热器左支架；
③-散热器螺栓

图 A

三、评价反馈

(1)请对发动机舱散热器总成的装配情况进行检查,填写表2-10。

发动机舱散热器总成装配品质检查　　　　　　　　　　　　　　　表2-10

序号	项　　目	发动机舱散热器总成装配品质检查结果
1	是否有次品	
2	物料是否有损伤	
3	空气滤清器是否正确固定	
4	散热器总成规格是否正确	
5	散热器的装配位置是否正确	
6	是否将各螺栓紧固到规定力矩	
7	作业顺序是否正确	
8	作业工时是多少(单位:s)	
9	品质保证(OK/NG)	
10	工具使用是否正确	
11	是否规范完成场地和设备的整理、清洁等日常维护工作	
12	小组是否分工合理,配合良好	

(2)分析如图2-40所示的风扇控制电路图,针对散热器风扇不工作情况,填写表2-11。

散热器风扇控制电路检测　　　　　　　　　　　　　　　　　　表2-11

序号	检　测　项　目	检测结果
1	散热器风扇电动机2针连接器1号端子与2号端子之间的电压	无
2	熔断丝	
3	散热器风扇继电器4针插座1号端子和车身搭铁之间的电压	
4	散热器风扇继电器4针插座2号端子和散热器风扇电动机2针连接器2号端子之间是否导通	
5	散热器风扇电动机2针连接器1号端子与车身搭铁之间是否导通	

(3)请描述你如何解决在本任务学习中遇到的某个或某些问题、困难,并说出从中取得的收获。

_____
_____
_____
_____

项目 2　发动机舱部件装配

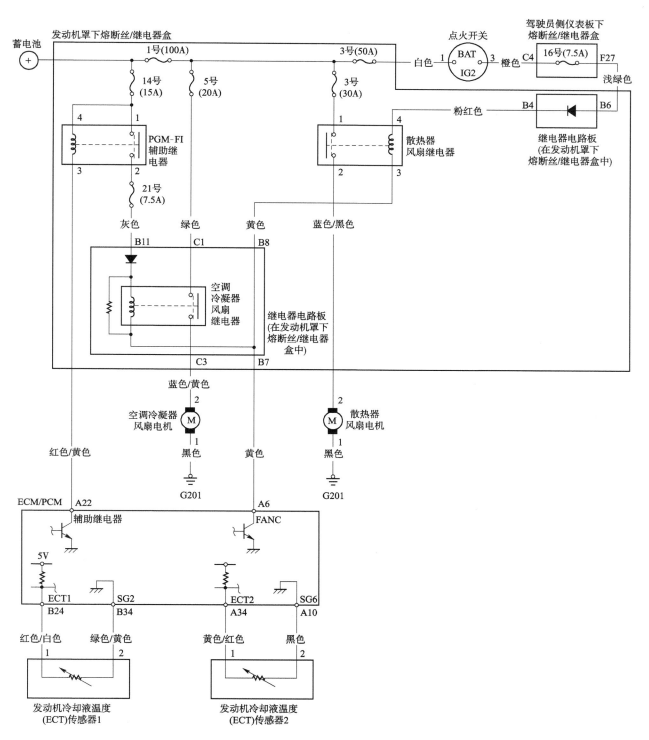

图 2-40　风扇控制电路图

项目3　风机及仪表板总成装配

　项目目标

1. 认识汽车空调系统和仪表板总成；
2. 叙述汽车制冷系统、取暖系统、通风配气系统和电气控制系统的工作原理；
3. 叙述汽车仪表各指示灯的含义，正确操作仪表板各功能键；
4. 识读汽车空调系统控制电路图，检查该电路相关电气元件和线路；
5. 根据作业指导书，正确完成汽车风机及仪表板总成的装配及检验，进行仪表自诊断和空调自诊断。

　项目描述

汽车仪表板及中控台为驾驶员提供汽车运行状况信息以及操控车辆的开关等装置。如图 3-1 所示，请按照作业指导书正确完成汽车风机及仪表板总成的装配与检查，并识读空调系统控制电路图，检查该电路相关元件和线路进行，正确操作仪表板各功能键进行仪表自诊断和空调自诊断。

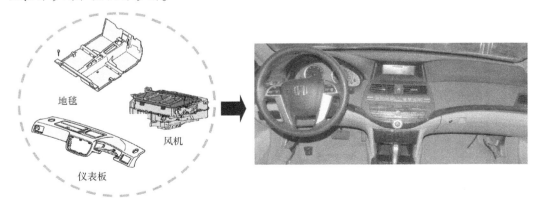

图 3-1　雅阁轿车风机及仪表板总成装配

建议学时：24 学时。

项目 3　风机及仪表板总成装配

任务 1　风机总成装配

> ⇨ **任务目标**
> 1. 认识风机总成的各组成零件；
> 2. 叙述汽车制冷系统、取暖系统、通风配气系统和电气控制系统的工作原理；
> 3. 制订工作计划，识读作业指导书，正确完成风机总成的装配及检查。
>
> **建议学时：8 学时。**
>
> ⇨ **任务描述**
> 在老师的指导下，根据作业指导书，制订风机总成装配计划，通过小组合作正确完成风机总成的装配。

汽车风机总成由鼓风机、风机电阻、风门电动机和空调滤清器等零件组成，具备通风配气，调节空气流速等功能，其装配品质直接影响着车内人员的乘坐舒适性，如图 3-2 所示。

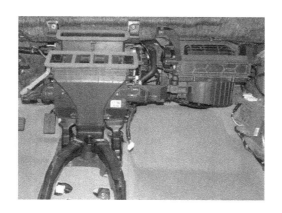

图 3-2　雅阁轿车风机总成的装配

一、学习准备

1. 汽车车厢内部的空间一般比较狭小，而空调在汽车中发挥着什么作用呢？汽车空调的组成是怎样的？

如图 3-3 所示，汽车空调能够为车内人员提供一个舒适的环境。它通过制冷系统、取暖系统、通风配气系统和电气控制系统的有机结合来调整车内的温度、湿度、空气洁净度和空气的流向以及流速，如图 3-4～图 3-7 所示。

汽车空调四大系统的组成和功能见表 3-1。

图 3-3 汽车空调的作用

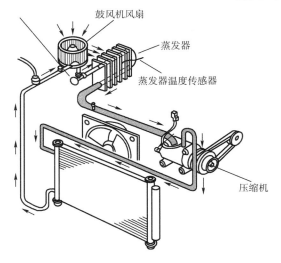

图 3-4 制冷系统

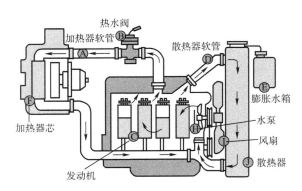

图 3-5 取暖系统

图 3-6 通风配气系统

图 3-7 电气控制系统

空调系统的组成与功能　　　　　　　　　　　　　　　表 3-1

各大系统	组　　成	功　　能
制冷系统	蒸发器、冷凝器、膨胀阀等	制冷、除湿
取暖系统	加热器、水管、水阀等	取暖、除雾、除霜
通风配气系统	循环风门、鼓风机、风门电动机等	调节空气的流向和流速
电气控制系统	蒸发器温度传感器、车外温度传感器、太阳光照传感器等	控制压缩机、鼓风机等

小提示

1. 空调适宜的调整范围

(1) 温度。人体感觉最舒适的温度范围 20~28℃。夏天车内温度控制在18℃左右,冬天控制在25℃。

(2) 湿度。人体感觉最舒适的相对湿度为 50%~70%。汽车空调要求控制在此范围。

(3) 空气流速。人体感觉最舒适的气流速度一般为 0.25m/s。

(4) 清新度。测量氧气和二氧化碳、一氧化碳的浓度,粉尘和汗臭味。

2. 制冷基本知识

(1) 热是物质内部分子不规则运动放出的一种能。

(2) 热总是从热端向冷端传递。

(3) 热的三种传递方式,具体如图3-8所示。

传导:物质内的直接传递。

对流:冷热流体循环流动。

辐射:电磁波形式发射能量。

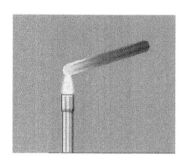  

图 3-8 热的传递方式

3. 物体状态变化的条件

物体状态变化的条件如图3-9所示。

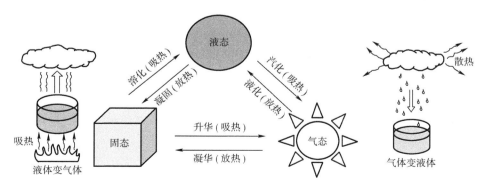

图 3-9 物体状态变化

4. 温度与压强的关系

温度：物质的冷热程度。

压强：物体单位面积上受到的压力，具体的单位换算如下。

$1\text{MPa} = 1000\text{kPa}$　　$1\text{MPa} = 9.8\text{kgf/cm}^2$　　$1\text{psi} = 0.07\text{kgf/cm}^2$（$100\text{psi} = 0.7\text{MPa}$）

压强与沸点的关系：液体的沸点随着压强的增大而升高。在系统排出空气到真空状态还需要一段时间时，因为系统的压力下降导致系统内的水分沸点下降，此时水分容易蒸发而被抽出来。制冷剂在循环系统中被压缩机压缩成高温高压的气体，在冷凝器中冷却到40~50℃时就变成了液态。

2. 制冷系统是汽车空调的重要组成部分，也是人们最常用的系统之一。那么制冷系统的组成是怎样的？各组成部件安装在车上什么位置、具有什么作用？

1. 制冷系统的组成及各部件的安装位置

如图3-10所示，制冷系统由五大部件组成，分别是压缩机、冷凝器、干燥器、膨胀阀和蒸发器。这五大部件相互之间通过制冷管路连接起来形成一个密封的系统。制冷剂和冷冻机油在这个密封的系统里不断循环流动。

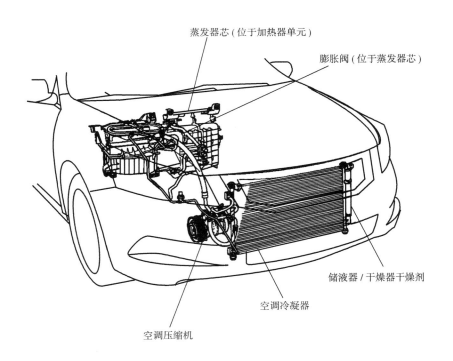

图3-10　制冷系统组成和各部件的安装位置

项目 3　风机及仪表板总成装配

学习拓展

1. 制冷剂

制冷剂是空调系统中的"热载体",俗称"冷媒"或"雪种",它可根据空调系统的要求变化状态,实现制冷循环。常见的制冷剂有 R12、R134a。现在汽车上采用的是 R134a 环保型制冷剂,具体如图 3-11 所示。

图 3-11　制冷剂

两种制冷剂的区别见表 3-2。

不同制冷剂的区别　　　　　表 3-2

项目	R12	R134a
特性	不易燃、无色、无味、无毒、对金属或橡胶无腐蚀作用,吸湿性较强	不易燃、无色、无味、无毒、对金属或橡胶无腐蚀作用,吸湿性较强
优点	安全、制冷效率高,价格便宜	不会破坏大气层
缺点	破坏大气层	和冷冻机油混合后会腐蚀钢,成本高

2. 冷冻机油

冷冻机油也叫压缩机油,它是一种能在高低温工况下均能正常工作的特殊冷冻油。

冷冻机油的作用:润滑压缩机(降噪)、起冷却作用和密封作用。

冷冻机油使用的注意事项:冷冻油易吸水,用后应马上将盖拧紧。不能使用变质浑浊的冷冻油。不允许向系统添加过量的冷冻油,否则会影响汽车空调制冷系统的制冷量。不同牌号的冷冻油不能混用,以免造成变质。在排放制冷剂时要缓慢进行,以免冷冻油和制冷剂一起喷出更换制冷系统部件时,应适当补充一定量的润滑油。

2. 制冷系统各部件

1)压缩机

汽车空调的压缩机安装于发动机旁边,由发动机通过皮带驱动。空调压缩机的主要作用是吸入在蒸发器被蒸发的低温低压气态制冷剂并对其进行压缩,以便其在冷凝器中容易液化,制冷剂在压缩机中被压缩成高温高压的气体制冷剂。

压缩机主要由电磁离合器和泵体两大部分组成,具体如图 3-12 所示。

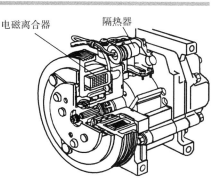

图 3-12　空调压缩机

83

小提示

若压缩机的工作性能下降导致排出制冷剂剂量不足,会造成低压侧压力偏高,高压侧压力偏低。

(1)电磁离合器。

①电磁离合器功用:将泵体与发动机的动力连接,进行接通或切断压缩机工作。

②电磁离合器的结构:压力板、皮带轮(转子)、励磁线圈(定子),如图3-13所示。

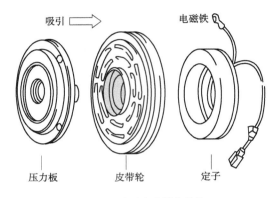

图3-13 电磁离合器的结构

③电磁离合器工作原理:当励磁线圈通电后,产生强磁场对离合器压盘吸拉,将压盘紧紧地压在皮带轮上,这样就将发动机的动力传给了压缩机,具体如图3-14所示。

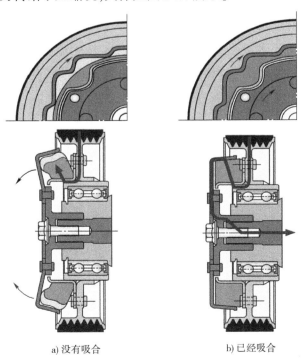

a) 没有吸合　　　　　b) 已经吸合

图3-14 电磁离合器工作原理

（2）压缩机泵体。

压缩机泵体的作用是对制冷剂进行抽吸和加压。

学习拓展

空调压缩机必须保证防止蒸发器结霜、保护制冷循环、保持车辆性能。

1. 防止蒸发器结霜

暖空气通过蒸发器散热片时会被冷却，水蒸气开始凝结然后在散热片上形成水滴，如果散热片低于0℃，就会结霜，汽车空调防止蒸发器结霜的原理如图3-15所示。

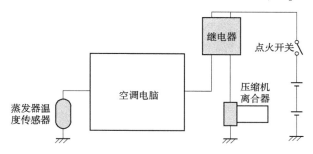

图3-15 防止蒸发器结霜原理

2. 保护制冷循环

制冷循环用安装于高压管路上的压力开关对系统压力进行检测，当系统压力异常时，停止压缩机工作，在压力异常高时，除了对压缩机进行控制之外，也可以通过压缩机上的安全阀释放制冷剂来保护制冷循环。

异常高压检测：在制冷循环中出现异常高压时，会导致压缩机发生故障，通常在压力达3.1MP时停止压缩机。

异常低压检测：如果由于气体泄漏造成制冷剂不足，压缩机润滑油就会变质从而导致压缩机卡死，当外部气温很低时启动压缩机也会出现一样的结果，通常压力在0.2MP时压力开关就断开并停止压缩机。

3. 保持车辆性能（图3-16）

为了将对车辆的影响减到最小，空调需要进行加速切断控制和低速切断控制。

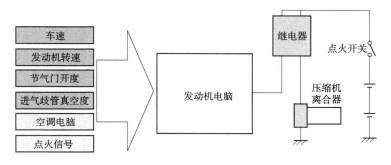

图3-16 空调压缩机保持车辆性能

小词典

压力释放阀(图 3-17):

如果不向冷凝器提供充足的通风量,或如果冷负荷变得太大,冷凝器和储液罐/干燥器的压力将变得异常高,有管路爆裂的危险。为了防止此问题,如果高压侧压力在 3.43~4.14MPa,泄压阀将会被打开来降低压力。

通常如果制冷系统压力上升异常得高,压力开关将导致电磁离合器分离。为此,很少需要运行泄压阀。

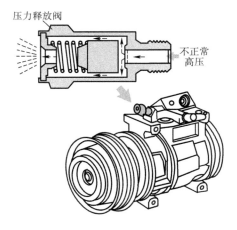

图 3-17　压力释放阀

2)冷凝器

冷凝器安放于汽车前部。冷凝器的主要作用是将压缩机送来的高温高压的气态制冷剂进行散热,变成中(高)温高压的液态制冷剂,如图 3-18 所示。现在的冷凝器一般都和干燥瓶做成一体。

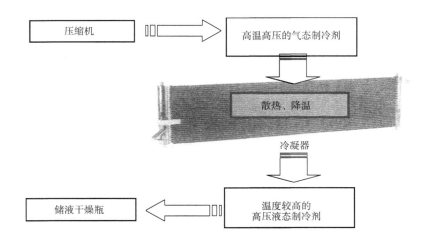

图 3-18　冷凝器的作用

3）储液干燥器

（1）储液干燥器的安装位置。

储液干燥器现在常与冷凝器做成一体或装于冷凝器旁边。

（2）储液干燥器的作用。

①储液作用。储液作用是临时储存从冷凝器流出的液态制冷剂。当制冷负荷变化和制冷系统中有微漏时，能及时补充和调整供给足够的液态制冷剂剂量，以保证制冷剂流动的连续性和稳定性。

 小提示

制冷过程会有少量的制冷剂以气态离开冷凝器，由于下一步是储液干燥瓶，因此影响不大。如图3-19所示，进液管在上方，出液管在底部，液态制冷剂在下方的出液管出去，气态制冷剂浮在上方。

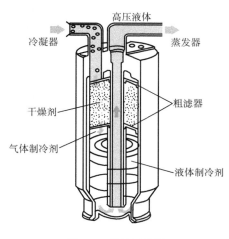

图3-19 储液干燥器

②干燥作用。进入制冷系统内的水会对金属产生强烈的腐蚀作用，而且水会在膨胀阀中容易形成冰堵现象，影响制冷剂的正常循环，所以需要干燥。储液干燥器内有干燥剂，可以吸收制冷剂中的水。

③过滤作用。储液干燥器内有过滤器，过滤器能阻止干燥剂中的灰尘及在制造或维修过程中不慎进入管路的固体屑粒在制冷系统内循环。

 小提示

直立式储液干燥器，安装时一定要垂直放置，倾斜度不得超过15°。在安装新的储液干燥器之前，不得过早将其进出管口的包装打开，以免潮湿空气侵入储液干燥器和系统内部，使之失去除湿的作用。安装前要先明确储液干燥器的进、出口端，如果进、出端口接反，则会导致制冷剂剂量不足。

（3）储液干燥器的结构。

储液干燥器主要由干燥剂，硅胶、分子筛、车胶等吸湿气的固体，滤清材料，防止干燥剂尘污和出液管,气液分离组成。

4) 膨胀阀

膨胀阀一般安装于蒸发器前部。膨胀阀的作用是:节流降压、自动调节制冷剂流量、防止液击和异常过热。根据膨胀阀的结构不同,可分为三大类:内平衡膨胀阀、外平衡膨胀阀、H型膨胀阀,如图3-20所示。

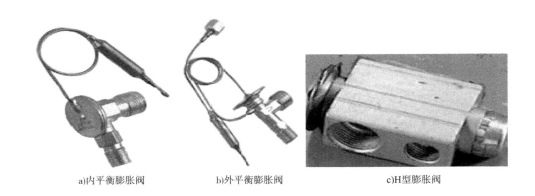

a) 内平衡膨胀阀　　b) 外平衡膨胀阀　　c) H型膨胀阀

图3-20　膨胀阀的类型

 小提示

如果膨胀阀的开度太小,则压缩机排出的制冷剂不能完全进入到蒸发器,会导致低压系统压力过低,造成制冷效果不足。

 学习拓展

膨胀阀的工作原理如图3-21所示,蒸发器出口周围的温度根据冷却负荷改变而改变。

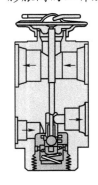

图3-21　膨胀阀工作原理图

1. 当冷却负荷变小时

蒸发器出口周围温度下降,并且从热敏杆传输到膜片内部气体的温度也下降,这使得气体收缩。结果,针形阀通过蒸发器的制冷剂出口压力和压力弹簧的压力向右移。它关闭阀门,减少制冷剂流量,并降低冷却能力。

2. 当冷却负荷变大时

蒸发器出口的温度增加,并且气体膨胀。结果针形阀向左转,推动压力弹簧。它开启阀门,增加循环中的制冷剂量,并使得冷却能力变大。

5) 蒸发器

蒸发器的作用是将来自膨胀阀的低温、低压液态制冷剂在其管道中蒸发,吸收车内空气的热量,使车内空气温度降低,同时还对空气起到除湿的作用,具体的安装位置如图3-22所示。

雅阁轿车空调采用层叠式蒸发器,这种结构的蒸发器热交换面积大,因此制冷效果更加理想,如图3-23所示。

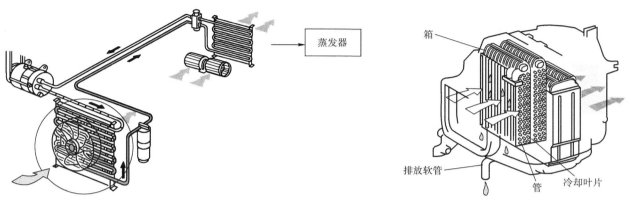

图3-22 蒸发器的安装位置　　　　　　　图3-23 雅阁轿车蒸发器结构

 小提示

根据热力学知识可知,冷凝器的散热量等于蒸发器所吸收的热量和压缩机所做功之和。

二、计划与实施

 3.现已完成整车主线束、发动机舱部件的装配,如何完成风机总成的装配?

1. 制订风机总成装配计划

制订风机总成装配计划,填写表3-3。

风机总成装配计划　　　　　　　　　　　　　　　　　　　表3-3

工序	作业内容	品质基准	物料	工时(s)
1	空调加热器芯安装	准确定位		
2	蒸发器芯安装	准确定位		
3	风门电动机和鼓风机的安装	准确定位		
4	为风机总成装配线束	牢固连接		
5	将风机总成安装到车上	拧紧力矩9.8N·m		

2. 实施风机总成装配

按照制订的计划,参考作业指导书3-1~作业指导书3-5实施风机总成装配并检查装配品质。

作业指导书 3-1

作业内容		空调加热器芯安装		
序号	操作程序	品质基准	操作要点	安全注意事项	确认方法
1	安装加热器芯,如下图所示	定位准确	装配加热器芯时要注意不能扭曲进出水管	注意防止加热器芯散热片的变形	目视

小提示

汽车取暖系统工作原理,具体如图 3-24 所示。

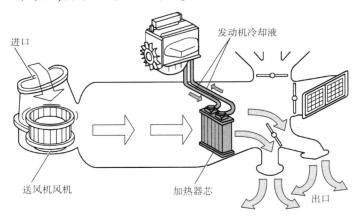

图 3-24 取暖系统工作原理

(1)取暖系统的作用:为车内人员在冬天的时候提供暖气;除霜除雾。

(2)取暖系统的组成:加热器芯、水管、热水阀等。

(3)如图 3-24 所示,取暖系统的工作过程:需要暖风时,接通控制开关,循环水控制开关也自动接通,这样发动机的冷却液(热水)开始在暖风水箱及管路中循环。鼓风机同时开始转动,风通过暖风水箱后变成暖风通过出风口吹向车内。

水暖式取暖系统的优点:结构简单、耗能少、成本低、操作维修方便,所以各种汽车一般都采用这种暖风装置。

项目 3　风机及仪表板总成装配

作业指导书 3-2

作业内容		蒸发器芯安装		
序号	操作程序	品质基准	操作要点	安全注意事项	确认方法
1	安装蒸发器芯,如下图所示	定位准确	装配蒸发器芯时要注意不能扭曲高低压空调管	注意防止蒸发器散热片的变形	目视

 小提示

汽车制冷系统的工作原理

如图 3-25、3-26 所示,汽车制冷系统包含的工作过程为:

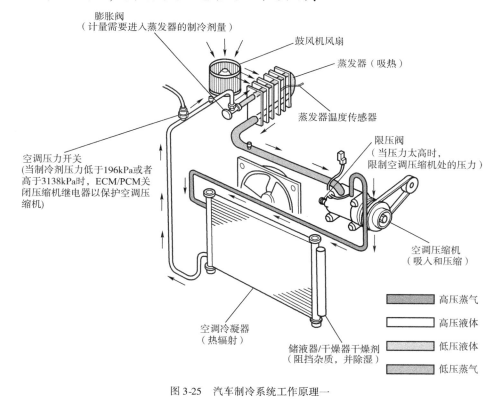

图 3-25　汽车制冷系统工作原理一

1. 压缩过程

制冷剂气体(5℃,0.15MPa)→压缩→制冷剂气体(75℃,1.5MPa)

2. 冷凝过程

制冷剂气体(75℃,1.5MPa)→散热→制冷剂液体(50℃,1.5MPa)

3. 膨胀过程

制冷剂液体(50℃,1.5MPa)→节流→制冷剂液体(-5℃,0.15MPa)

4. 蒸发过程

制冷剂液体(-5℃,0.15MPa)→蒸发→制冷剂气体(5℃,0.15MPa)

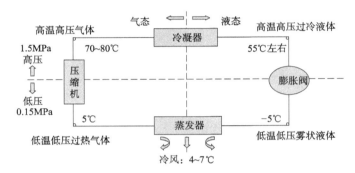

图3-26 汽车制冷系统工作原理二

作业指导书3-3

作业内容		风门电动机和鼓风机的安装			
序号	操作程序	品质基准	操作要点	安全注意事项	确认方法
1	安装风门电动机,如下图所示	定位准确	注意区分不同风门电动机的结构和安装位置	防止损坏风门电动机	目视
2	安装鼓风机,如下图所示	定位准确	注意鼓风机的装配方向	防止损坏鼓风机	目视

项目 3　风机及仪表板总成装配

 小提示

汽车空调通风配气系统

1. 汽车空调通风配气系统的作用和组成

主要作用：通风、净化空气、调节风速和风向。

如图 3-27 所示，通风配气系统的组成包括鼓风机、功率晶体管、循环风门、循环风门电动机、空气混调风门、空气混调风门电动机、模式风门、模式风门电动机、空气滤清器等。

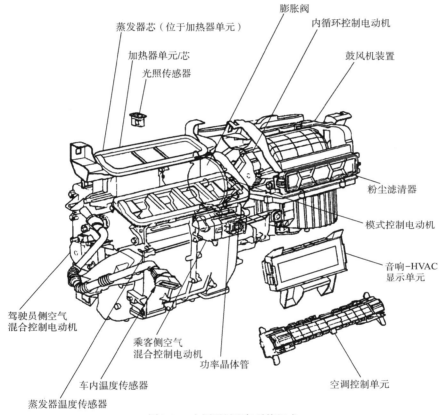

图 3-27　空调通风配气系统组成

几种主要的出风模式如图 3-28 所示。

 (HEAT/DEF)　主要的空气流从地面出风口和挡风板底部的除雾器出风口分流出去

 (HEAT)　主要的空气流来自于地面出风口

 (HEAT/VENT)　主要的空气流从仪表板出风口和地面出风口分流出去

 (VENT)　主要的空气流来自于仪表板出风口

图 3-28　主要的出风模式

2.通风配气系统的工作过程

（1）第一阶段：空气进入（图3-29）。

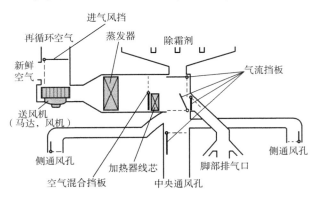

图3-29 空气进入阶段

在这个阶段有外循环和内循环两种方式，主要受到循环风门和循环风门电动机的控制，用来控制再循环空气和室外新鲜空气进入，并通过空气滤清器对进入的空气进行过滤。

（2）第二阶段：空气混合阶段。

通风配气系统在空气混合阶段的工作由蒸发器、加热器、空气混调风门和空气混调风门电动机完成，通过控制混调风门处于不同的位置，用来调节所需温度的空气，其中最冷状态和最热状态如图3-30、图3-31所示。

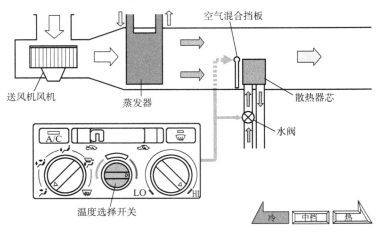

图3-30 最冷状态

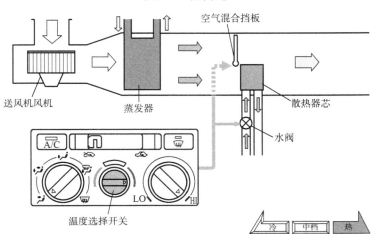

图3-31 最热状态

项目3 风机及仪表板总成装配

(3)第三阶段:空气分配阶段(图3-32)。

通风配气系统在空气分配阶段的工作包括中风门、下风门、除霜门、上中下风口和各种电动机完成。空调电脑根据需要打开不同的风门,让空气流向不同的出口,从而调节空气的流向。

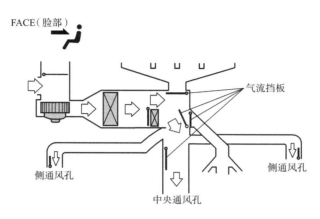

图3-32 空气分配阶段

作业指导书3-4

作业内容		风机总成线束的安装			
序号	操作程序	品质基准	操作要点	安全注意事项	确认方法
1	安装风机总成线束,如下图所示	定位准确,胶钉无松脱	先将线束理顺,线束插接器必须与各风门和鼓风机连接	注意损坏插接器	目视

作业指导书 3-5

序号	作业内容		风机总成在车上的安装		
	操作程序	品质基准	操作要点	安全注意事项	确认方法
1	投放风机总成,如下图所示	定位准确	螺栓拧紧力矩9.8N·m	小心头部撞到风窗玻璃	目视
2	安装风机总成螺栓	紧固螺栓时要注意在风扳与车身垂直打入,确认螺栓是否安装到位,紧贴无松动	拧紧力矩为12.3N·m	两人配合,助手在发动机舱进行辅助,注意不要损坏中间螺栓或弯曲燃油管路、制动管路等	目视
3	安装加热软管	管夹无松动无脱落	水管夹要准确定位	小心水管夹伤手,注意软管的方向	目视
4	安装空调管路	防止空调管路与制动管路发生干涉	拧紧力矩9.8N·m	小心车体划伤手	目视

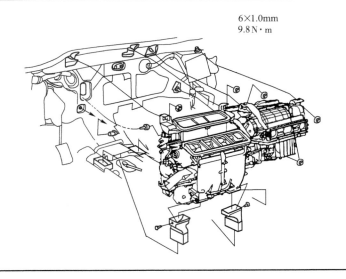

学习拓展

1. 空调压力表

空调压力表作用是通过测量制冷系统的压力来判断制冷系统的工作情况,与真空泵配合使用也可用来对制冷系统进行抽真空检漏、加注制冷剂和冷冻机油等维护作业。

空调压力表的结构包括两表、两阀、三管。

其中,两表指蓝表(低压表)、红表(高压表);两阀指低压手动阀(蓝色)、高压手动阀(红色);三管指低压管(蓝色),高压管(红色),加注管(黄色)。

2. 冷媒回收机

冷媒回收机功能是检测系统压力、回收制冷剂、为系统抽真空、加注制冷剂与冷冻机油。

3. 为汽车空调制冷系统加注制冷剂(图3-33)

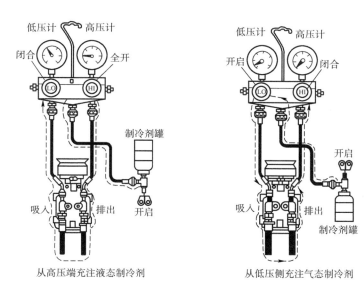

图3-33 加注制冷剂

(1)采用静态加注:发动机停转,制冷系统关闭,从高压侧注入,加注时制冷剂瓶倒立。

(2)采用动态加注:发动机运转,制冷系统开启,从低压侧加注,加注时制冷剂瓶正立,以防液击。

加注注意事项:

(1)从高压端加注时,压缩机必须关闭,且加入的是液态制冷剂,所以加注的罐必须倒立。

(2)从低压端加注时,加入的是气体制冷剂,加注的罐必须正立,防止液态制冷剂进入压缩机,产生液击现象。

三、评价与反馈

(1)请对风机总成的装配情况进行检查,填写表3-4。

风机总成装配品质检查　　　　　　　　　　表3-4

序号	项　　目	风机总成装配品质检查结果
1	是否有次品	
2	物料是否有破损	
3	空调管路走向是否有错误	
4	蒸发器散热片是否有扭曲	
5	胶钉是否有松动和脱落	

续上表

序号	项 目	风机总成装配品质检查结果
6	护套是否有压边紧贴车身	
7	是否将搭铁线固定螺栓紧固到规定力矩	
8	作业顺序是否正确	
9	作业工时是多少？（单位:s）	
10	品质保证(OK/NG)	
11	工具使用是否正确	
12	是否规范完成场地和设备的整理.清洁.保养等日常维护工作	
13	小组是否分工合理,配合良好	

（2）如图3-34所示为鼓风机,请分别写出该鼓风机中A风口和B风口的用途,填写表3-5。

图3-34 鼓风机

鼓风机不同风口功能　　　　　　　　　　　　　　　　　　　　　　　　　表3-5

序号	风口位置	用　途
1	A风口	
2	B风口	

（3）请描述你如何解决在本任务学习中遇到的某个或某些问题、困难,并说出从中取得的收获。

_____

_____

_____

_____

任务2　仪表板总成装配

⇨ **任务目标**

1. 叙述汽车仪表各指示灯的含义；
2. 正确操作仪表板各功能键，对仪表进行自诊断；
3. 叙述多路控制系统工作原理；
4. 制订工作计划，按照作业指导书完成仪表板总成的装配及检查。

建议学时：8 学时。

⇨ **任务描述**

在老师的指导下，根据作业指导书，制订仪表板总成装配计划，通过小组合作正确完成仪表板总成（图 3-35）的装配。

图 3-35　仪表板总成

仪表板总成是车内各种用电设备的控制中心，它控制车外照明、喇叭、空调等。在汽车总装车间中一般还设置了车门分装线、仪表板分装线等分装线。

一、学习准备

 1. 汽车仪表上有各色各样的指示灯，不同的指示灯代表什么含义？

汽车仪表各种指示灯具体含义如图 3-36 和表 3-6 所示。

图 3-36　汽车仪表

汽车仪表各种符号具体含义　　　　表 3-6

指示灯符号	指示灯含义
座椅安全带提示灯	座椅安全带系统包括仪表板上的一盏提示灯与蜂鸣器,用来提醒驾驶员和乘员扣紧座椅安全带。如果尚未扣紧座椅安全带,点火开关将转到 ON(Ⅱ)的位置,提示灯会不停闪烁,并且蜂鸣器将鸣叫。如果蜂鸣器停止鸣叫前,还未扣紧座椅安全带,提示灯将停止闪烁而保持点亮。如果在驾驶过程中没有扣紧座椅安全带,则蜂鸣器将鸣叫,并且指示灯将每隔一段时间就重复闪烁
低机油压力指示灯	若发动机运转时,该指示灯闪烁或一直点亮,则表明发动机可能已受到严重的损坏
充电系统指示灯	如果此指示灯在发动机运转时点亮,则表明蓄电池不在充电状态
发动机故障指示灯	该指示灯用来显示车辆发动机的工作状况,当打开钥匙门,车辆自检时,该指示灯点亮后自动熄灭,如常亮则说明车辆的发动机出现了机械故障,需要维修
CRUISE MAIN 定速巡航主指示灯	此指示灯在按下定速巡航控制总按钮时亮起
CRUISE CONTROL 定速巡航控制指示灯	当设定定速巡航控制时,此灯点亮
辅助保护系统(SRS)指示灯	将点火开关转到 ON(Ⅱ)的位置时,此指示灯会点亮数秒。若此灯在其他任何时刻亮起,则表明正面安全气囊或座椅安全带自动张紧器存在着潜在问题。在配有侧面安全气囊的车辆上,此灯亮起还用来提醒驾驶员用侧面安全气囊或乘员用侧面安全气囊自动截止装置可能存在着潜在问题
侧面安全气囊截止指示灯	将点火开关切换至 ON(Ⅱ)的位置时,此指示灯亮起。若此灯在其他任何时刻亮起,则表明乘员用侧面安全气囊已被自动关闭
ABS 指示灯	将点火开关转到 ON(Ⅱ)的位置,此指示灯会点亮数秒,若此灯在其他任何时刻亮起,则表明 ABS 出现了问题。若发生此情况,应将车辆送至广汽本田汽车特约销售服务店进行检查。此灯点亮时,车辆仍具有正常的制动能力,但没有防抱死制动功能
VSA 车辆稳定性辅助(VSA)系统指示灯	正常情况下当将点火开关转到 ON(Ⅱ)的位置时,此指示灯点亮数秒。若在其他任何时刻此灯亮起或始终亮着,或者当将点火开关转到 ON(Ⅱ)的位置时,此灯不亮,表明 VSA 系统有问题。应将车辆送到广汽本田汽车特约销售服务店检查。虽然 VSA 系统不起作用时车辆仍具有常规驾驶性能,但将不具备 VSA 系统增强驱动力(地面附着力)和稳定性的功能

续上表

指示灯符号	指示灯含义
VSA 作动指示灯	此指示灯具有三项功能：(1)关闭车辆稳定性辅助系统(VSA)时，此灯点亮以示提醒。(2)当 VSA 作动时，此灯闪烁。(3)当 VSA 系统有问题时，此灯随着 VSA 系统指示灯一起点亮。正常情况下当点火开关转到 ON(Ⅱ)的位置时，此灯点亮数秒
车门和行李舱开启监视灯	如果行李舱舱盖或任何车门没有关紧，监视灯上相应的灯便会点亮。当将点火开关切换至 ON(Ⅱ)的位置时，监视灯上的所有指示灯将点亮数秒
转向信号与危险报警指示灯	当发出换道或转向信号时，左侧或右侧转向信号将闪烁。如果此灯不闪烁或快速闪烁，通常意味着转向信号灯泡的其中一只被烧坏了，应尽早更换灯泡，否则其他驾驶员将看不到此信号。按压危险报警按钮时，两盏转向信号灯均会闪烁。车外的所有转向信号灯也一起闪烁
示廓指示灯	该指示灯是用来显示车辆示廓灯的工作状态，平时为熄灭状态，当示廓灯打开时，该指示灯随即点亮。当示廓灯关闭或者关闭示廓灯打开前照灯时，该指示灯自动熄灭
远光指示灯	该指示灯是用来显示车辆远光灯的工作状态。通常的情况下该指示灯为熄灭状态。当点亮远光灯时，该指示灯会同时点亮，以提示驾驶员车辆的远光灯处于开启状态
前雾灯指示灯	该指示灯是用来显示前雾灯的工作状况，当前雾灯点亮时，该指示灯相应的标志就会点亮。关闭雾灯后，相应的指示灯熄灭
驻车制动器与制动系统指示灯	此指示灯具有两种功能： (1)当将点火开关转至 ON(Ⅱ)的位置时，此指示灯亮起，用来提醒检查驻车制动器操纵杆是否松开。如果以某个速度驾驶车辆而未将驻车制动器操纵杆完全放开，蜂鸣器将会持续鸣叫。在驻车制动器操纵杆没有被完全放开的情况下开车，会损坏制动器和轮胎。 (2)如果在发动机运转时，将驻车制动器操纵杆完全放开后，此指示灯仍然亮着，或者在驾驶时此灯亮起，则表明制动系统有问题
防盗启动锁止系统指示灯	将点火开关切换至 ON(Ⅱ)的位置时，此指示灯会点亮数秒。如果插入编码正确的钥匙，此指示灯将随即熄灭；如果插入的钥匙编码不正确，该指示灯会闪烁，并且发动机也将无法起动，将点火开关从 ON(Ⅱ)切换至 ACCESSORY(1)或 LOCK(0)的位置时，此指示灯也将闪烁数次
低燃油指示灯	此指示灯位于燃油表上。如果此指示灯点亮，表示应该加油了，因为油箱里的燃油存量已少于 10.3L

学习拓展

(1)如果在行驶中以上指示灯出现非正常点亮,意味着车辆出现了不寻常的状况。

(2)仪表数据显示,如图3-37所示。

图3-37 仪表数据

①里程和室外温度的互相切换。

②行程A和行程B的相互切换。

反复按压仪表板上的选择/重设按钮就可以进行上述数据显示的互相切换。选择了行程A或B后按住选择/重设按钮不放就可以清零。

③车外温度显示。

车外温度传感器安装在前保险杠上,因此温度读数可能受到路面反射热量、发动机热量以及周围车辆尾气的影响。所以车速低于30公里/小时,将会导致温度读数不准。

二、计划与实施

 2.现已经完成了仪表板分装线的装配,根据制造厂生产工艺流程,如何完成仪表板总成的装配?

1. 制订仪表板总成装配计划

制订仪表板总成装配计划,填写表3-7。

仪表板总成装配计划　　　　　　　　　　　　　　　表3-7

工序	作业内容	品质基准	物料	工时(s)
1	仪表板总成安装到车厢内部	仪表板无外伤,与前风窗玻璃无间隙		
2	紧固驾驶员侧螺栓5颗	拧紧力矩为22N·m		
3	紧固乘客侧螺栓2颗	拧紧力矩为22N·m		
4	紧固中央连接托架螺栓4颗	拧紧力矩为22N·m		
5	连接乘客侧多路控制器	牢固连接		
6	连接空调分线束连接器	牢固连接		
7	安装仪表板中间换挡杆部分线束	线束无扭曲,无松脱		
8	连接空气软管	牢固连接		
9	连接驾驶员侧多路控制器	牢固连接		

2. 实施仪表板总成装配

按照装配计划,参考作业指导书3-6~作业指导书3-8实施仪表板总成装配并检查装配品质。

作业指导书3-6

作业内容		仪表板总成安装到车厢内部			
序号	操作程序	品质基准	操作要点	安全注意事项	确认方法
1	安装前检查	无外伤	注意区分左驾驶车辆和右驾驶车辆,防止错误选取仪表板总成		目视
2	投放仪表板总成	仪表板总成A与导向销B正确配合	注意仪表板A与导向销B的准确定位,并听到"咔咔"响声,定位螺栓孔正确配合	防止仪表板总成掉落,刮伤;注意仪表板线束的走向,线束与车体、线束与线束不能发生摩擦和干涉,同时也防止线束插头被仪表板压着	目视
3	安装后确认	无松动,无异响			目视

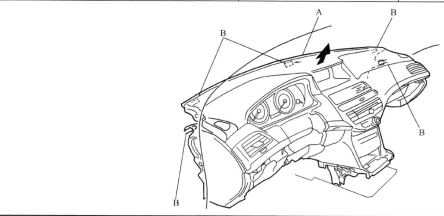

作业指导书3-7

作业内容		连接驾驶员侧多路控制器			
序号	操作程序	品质基准	操作要点	安全注意事项	确认方法
1	驾驶员多路控制器线路的连接	无虚插,且插入时听到卡卡声响	连接驾驶员侧多路控制器,连接左发动机室线束连接器A,驾驶员侧车门线束连接器B,车顶线束连接器C和左侧线束连接器D,连接线束E和F	防止错误连接和插接器连接松脱	目视

作业指导书 3-8

作业内容		连接乘客侧多路控制器		
序号	操作程序	品质基准	操作要点	安全注意事项	确认方法
1	乘客侧多路控制器线路的连接	无虚插,且插入时听到"咔咔"声响	连接乘客侧车门线束连接器 A,右侧线束连接器 B,天线引线连接器 C 和发动机室线束连接器 D,连接连接器 E 和 F	防止错误连接和插接器连接松脱	目视

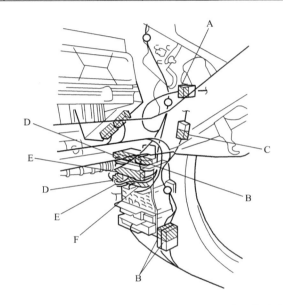

小提示

（1）车载网络。

B-CAN 和 F-CAN 均为雅阁轿车的车载网络,其中 B-CAN 是车身电器网络,负责车身电器所有电脑的通信,例如空调电脑、倒车雷达电脑等。F-CAN 是动力驱动网络,负责整车动力总成所有电脑的通信,例如发动机电脑、自动变速器电脑等。

（2）多路集成控制系统的工作原理,如图 3-38 所示。

雅阁轿车的 3 个多路控制系统用于电动车门锁控制、电动车窗控制、刮水器/清洗器控制、机油压力提示灯、座椅安全带提示电路、仪表板亮度控制等。

驾驶员侧 MICU 和乘客侧 MICU 都是 B—CAN 部件的一部分。驾驶员侧 MICU 控制车身控制器区域相关的许多系统以及安全系统,并作为网关以用 HDS 诊断其他连接在 B—CAN 上的 ECU 系统。驾驶员侧 MICU 也控制以下的电路：上车照明灯控制、车外照明灯控制、喇叭、互锁系统、无钥匙进入系统、电动门锁、电动车窗钥匙取下定时器、安全警报、转向信号、刮水器等。

乘客侧 MICU 控制车外照明灯、自动照明灯、电动门锁、前照灯清洗等。

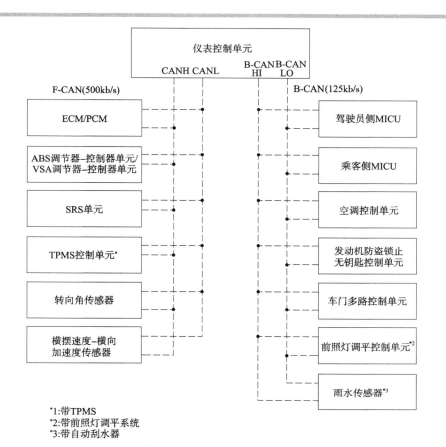

图 3-38　多路控制系统的工作原理

 学习拓展

1. 制订中央扶手装配计划，根据作业指导书，完成中央扶手的装配

（1）制订中央扶手的装配计划，填写表 3-8。

中央扶手的装配计划　　　表 3-8

工序	作业内容	品质基准	物料	工时（s）
1	变速杆的装配			
2	驻车制动器操纵杆的装配			
3	驾驶员侧后通风管的装配			
4	乘客侧后通风管的装配			
5	中央扶手箱的装配			
6	中央扶手箱后装饰件的装配			
7	中央扶手箱面板的装配			

（2）实施中央扶手的装配。按照装配计划，参考作业指导书 3-9 实施中央扶手装配并检查装配品质。

作业指导书 3-9

作业内容		中央扶手箱的装配			
序号	操作程序	品质基准	操作要点	安全注意事项	确认方法
1	安装前检查	无变形,无外伤			目视
2	中央扶手箱的安装	准确定位	中央扶手箱通风管 C 与两侧后通风管正确配合,前部钩 B 插入仪表板总成		目视
3	紧固中央扶手箱的螺栓	拧紧力矩为9.8N·m	紧固螺栓时风扳与车身垂直打入	防止螺栓滑牙	目视
4	安装后确认	无划花	检查安装后是否造成划花		目视

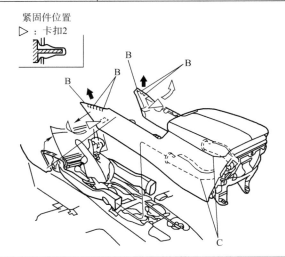

2. 自动变速器变速杆各挡位的含义

雅阁轿车的变速杆与变速杆锁止按钮如图 3-39 和图 3-40 所示。

图 3-39 雅阁轿车变速杆

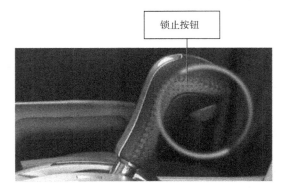
图 3-40 雅阁轿车变速杆锁止按钮

(1)"P"驻车挡。

在"P"位置变速器输出轴被固定,汽车保持静止。发动机可以起动。必须在点火开关已打开且踩下制动踏板的时候,按下锁住按钮,才能将变速杆从该位置移出。

(2)"R"倒挡。

若起动车辆时,变速杆位于这个位置,则无法起动车辆。当车辆行驶时,将变速杆置于该位置时,汽车可以倒退行驶。

(3)"N"空挡。

短时停车用,发动机可以起动,可以将发动机的动力输入变矩器泵轮,但只能使齿轮空转,输出轴无动力输出。

(4)"D"前进挡。

正常驾驶时使用此挡位。变速器会依据汽车的速度与加速情况自动选择适当的齿轮。当发动机转速较低时,可能会感觉到变速器以较快的速度升挡,这有助于发动机快速升温。

(5)"D3"挡。

除了只选择前三个挡位之外,此位置与 D 挡完全相同。在山地下坡时应挂入 D3 挡,以提高发动机制动效果。在间歇性驾驶的路况中,使用 D3 挡还可以防止变速器在第三挡与第四挡循环换挡。在使用 D3 挡或 D 挡,如欲快速加速时,可以将加速踏板踩到底,这样,变速器会自动降挡。变速器将根据踩踏加速踏板的速度,降低一挡或二挡。

(6)"2"挡。

在这个挡位,变速器被锁定在第二挡齿轮上,即使停车后也不会自动换至第一挡。上坡时,第二挡可以提供较大的动力;下坡时,则可提高发动机制动效果。在易滑路面上或较厚的积雪中起动车辆时,使用第二挡可以减少车轮滑转。

(7)"1"挡。

变速杆处于此挡位时,变速器被锁定在第一挡齿轮上。

3. 现已完成了仪表板总成的装配工作,如何使用仪表板各种功能键对仪表板各项功能进行检查?

仪表板的功能包括空调控制功能键、音响控制功能键和转向盘控制功能键,具体如图 3-41 和图 3-42 所示。

图 3-41 转向盘功能键的使用

图 3-42 仪表板功能键的使用

小提示

(1) 转向盘的位置调节功能如图3-43所示。

图3-43 转向盘的位置调节

将转向盘下面的调节杆推至最下端后,就可以在上下前后方向扳动转向盘,使其位于所需的理想位置,调节好后再将调节杆向上推起,使转向盘锁定。为了安全起见,只有在车辆停稳时才可调节转向盘。

(2) 音响控制面板按钮的功能,如图3-44所示。

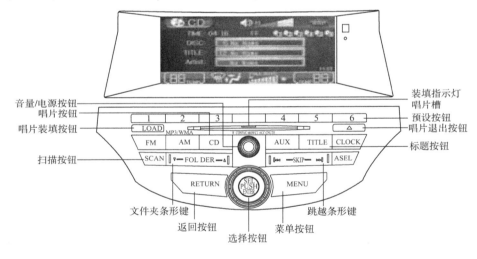

图3-44 音响控制面板按钮的功能

三、评价与反馈

(1) 请对仪表总成的装配情况进行检查,填写表3-9。

仪表板总成装配质量品质　　　　　　表3-9

序号	项目	仪表总成装配品质检查结果
1	是否有次品	
2	物料是否有破损	
3	仪表线路走向是否有错误	

续上表

序号	项 目	仪表总成装配品质检查结果
4	仪表各用电设备是否牢固连接	
5	胶钉是否有松动和脱落	
6	护套是否有压边紧贴车身	
7	是否将搭铁线固定螺栓紧固到规定力矩	
8	作业顺序是否正确	
9	作业工时是多少？（单位：s）	
10	品质保证（OK/NG）	
11	工具使用是否正确	
12	是否规范完成场地和设备的整理、清洁等日常维护工作	
13	小组是否分工合理,配合良好	

（2）完成仪表板总成的装配后，给汽车通电，请对如图3-45所示的雅阁轿车仪表板进行自诊断，填写表3-10。

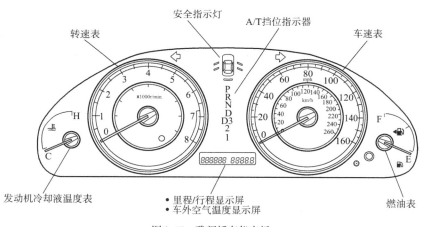

图3-45 雅阁轿车仪表板

仪 表 自 诊 断　　　　　　　　　　　　　　　　表3-10

记录故障码	故 障 含 义

 学习拓展

1.注意事项

（1）在执行自诊断功能前，确保驾驶员侧仪表板下熔断丝/继电器盒中5号（7.5A）熔断丝和发动机罩下熔断丝/继电器盒中15号（10A）熔断丝正常。

（2）当处于自诊断模式时，仪表板灯亮度控制器正常工作。

当处于自诊断模式时,用 SEL/RESET 按钮起动蜂鸣器驱动电路测试和仪表板驱动电路检查。

(3)点火开关转至 LOCK 位置,自诊断模式结束。

2.仪表自诊断的步骤

(1)按住 SEL/RESET 开关按钮;

(2)打开组合灯开关(三OO三);

(3)将点火开关转至 ON(Ⅱ)位置;

(4)在 5s 内,关闭组合灯开关(三OO三),然后再次打开和关闭一次;

(5)在 5s 内,松开 SEL/RESET 开关按钮,然后重复按下和松开按钮三次。

3.仪表自诊断模式具有的检查功能

(1)蜂鸣器驱动电路检查。

当进入自诊断模式时,蜂鸣器鸣响 5 次。

(2)指示灯驱动电路检查。

当进入自诊断模式时,以下指示灯闪烁:

A/T 挡位指示灯、ABS 指示灯、制动系统指示灯、充电系统指示灯、巡航控制指示灯、巡航主指示灯、远光指示灯、发动机防盗锁止系统指示灯、亮灯指示灯、机油压力低指示灯、燃油油位低指示灯、轮胎压力低指示灯、故障指示灯、安全带指示灯、安全指示灯、侧安全气囊切断指示灯、SRS 指示灯、TPMS 指示灯、VSA 激活指示灯、VSA 指示灯和防盗报警指示灯。

(3)开关输入检查。

在自诊断功能的初始阶段,蜂鸣器间歇鸣响。当将下列开关输入从 OFF 位置转到 ON 位置时,蜂鸣器将连续鸣响:巡航控制装置主开关,SET、RESUME、CANCELL 开关,SEL\RESET 开关,驻车制动开关和 VSA OFF 开关。

(4)LCD 段检查。

当进入自诊断模式时,蜂鸣器鸣响 5 次。

(5)仪表驱动电路检查(如果此时指针不摆动,则说明仪表损坏)。

当进入自诊断模式时,车速表、转速表、燃油表和发动机冷却液温度表指针从最小位置摆到最大位置,然后再回到最小位置。

(6)通信线路检查。

当处于自诊断模式时,进行 LCD 段检查后才开始通信线路检查。

4.通信线路检查里程表显示屏显示

如果所有段点亮,则通信线路正常。如果有故障,里程表显示屏上将显示出"Error"一词,而且后面带一个数字,如图 3-46 所示。

项目3　风机及仪表板总成装配

故障码	通信线路故障类型
Error1	F-CAN通信
Error2	B-CAN通信
Error12	F-CAN和B-CAN通信

示例

正常（所有段点亮。）：

故障(Error1)：

- 如果显示Error1,则F-CAN与仪表控制单元之间的通信线路存在故障
- 如果显示Error2,则B-CAN与仪表控制单元之间的通信线路存在故障
- 如果显示Error12,则仪表控制单元、F-CAN与B-CAN之间的通信线路存在故障

图3-46　通信线路检查里程表显示屏显示

（3）如图3-47所示为雅阁轿车点火开关,请分别写出点火开关各挡位的用途,填写表3-11。

图3-47　雅阁轿车点火开关

点火开关各挡位的用途　　　　　　　　　　　　　　　表3-11

序号	点火开关挡位	用　　途
1	0挡	
2	Ⅰ挡	
3	Ⅱ挡	
4	Ⅲ挡	

（4）请描述你如何解决在本任务学习中遇到的某个或某些问题、困难,并说出从中取得的收获。

_____
_____
_____
_____

任务3 空调控制系统电路图的识读

任务目标

1. 叙述汽车自动空调的组成和工作原理;
2. 正确操作空调控制面板进行空调自诊断;
3. 识读空调控制系统电路图,检查该电路相关电气元件和线路。

建议学时:8学时。

任务描述

在老师的指导下,识读空调控制系统电路图,进行空调自诊断,检查该电路相关电气元件和线路。

现代汽车均配备了自动空调,实现了空调运行与汽车运行的相互统一,极大地提高了制冷效果、节约了燃料。读懂空调电路图是进行空调控制系统检修的关键,如图3-48所示为雅阁轿车空调控制面板。

图3-48 雅阁轿车空调控制面板

一、学习准备

1. 现代汽车广泛运用电子技术,汽车空调逐渐由手动空调向自动空调发展,那究竟什么是自动空调呢?自动空调的组成又是怎样的呢?

1. 自动空调的定义

汽车自动空调系统是指当驾驶员设定汽车内的温度后,根据车内外条件的变化,通过车上各部位的传感器和执行器,空调可以自动变换制冷或供暖强度,使汽车室内温度保持在设定范围内的空调系统。

2. 雅阁轿车自动空调的组成

雅阁轿车自动空调主要由空调电脑、传感器和执行器组成,具体如下图3-49所示。

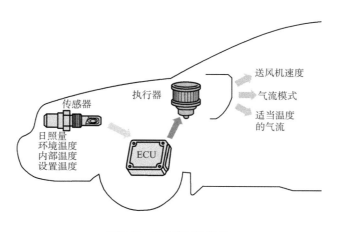

图 3-49 自动空调的组成

 小提示

雅阁轿车的控制面板已经集成了空调电脑。ECU 计算要达到的空气温度和空气流量,并根据各传感器和设定温度决定使用哪个排风口。这些值用来控制空气混合挡板的位置、送风机工作速度和气流挡板的位置。

1)传感器

(1)阳光传感器如图 3-50 所示。

阳光传感器主要安装于仪表板上方。该传感器由光敏二极管组成,这种二极管对阳光的亮度非常敏感,随着阳光强度的增加,光敏二极管的电阻将增加。空调电脑测量相应的阳光强度值,当阳光强度值非常高时,空调将自动提高鼓风机的转速,并将空气流导向位于仪表板的头部出风口。此操作有助于防止因强烈的阳光直射导致驾驶室上半部变热,而引起驾驶员或乘员感觉不适。

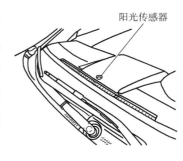

图 3-50 阳光传感器

(2)蒸发器温度传感器如图 3-51 所示。

蒸发器温度传感器主要安装于蒸发器表面。蒸发器温度传感器的作用是监测蒸发器的温度,防止由于蒸发器温度低于零度导致空气中的水分在蒸发器表面结冰。蒸发器温度传感器采用电阻值随温度变化的热敏电阻器,如果采用负系数热敏电阻器,则随着温度的升高,电阻将减小。该传感器根据电阻值的变化改变发送到控制装置的信号。因此,当该传感器检测到已达到冻结温度时,控制装置将迫使压缩机断开。

(3)车内温度传感器如图 3-52 所示。

车内温度传感器一般安装于车厢内部,该传感器也是一个热敏电阻器。为保证精确的车内温度读数,空气必须从热敏电阻器上方通过,利用小型吸气器或空气软管设备可以达到这一效果。热敏电阻器检测内部温度,把它用作温度控制的基础。

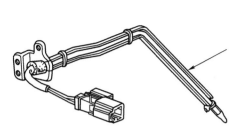
图 3-51　蒸发器温度传感器

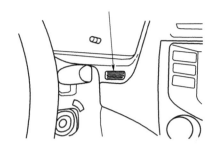
图 3-52　车内温度传感器

（4）车外温度传感器。

车外温度传感器一般安装于保险杆外侧。车外温度传感器使用热敏电阻。它检测外部温度,即用来控制由外部温度波动所引起的内部温度波动。

2）执行器

主要包括空气循环控制电动机（或为进气伺服电动机）、空气混调控制电动机、鼓风机电动机、模式控制电动机（或为送风方式电动机）以及其他执行部件。

3）空调电脑

用于接收并分析运算传感器输入的信号,运行程序与系统软件数据库中的设定数据比较、分析,然后以最优化的方案输出信号,控制各个执行器工作,实现温度控制、风量控制、通风模式控制等。

2. 现代轿车一般采用自动空调,与手动空调相比,自动空调有什么特别的功能呢?

微机控制自动空调系统的控制功能主要包括送风温度控制、鼓风机转速控制、工作模式控制、进气模式控制、压缩机控制等项目。

1. 送风温度控制

温度控制的目的是为了使车内空气温度达到车内人员设定的温度,并保持稳定,微机控制自动空调系统的温度控制系统基本组成包括车内温度传感器、车外温度传感器、太阳能传感器、蒸发器温度传感器、水温传感器、自动空调控制 ECU 和空气混合伺服电动机等。

2. 鼓风机转速控制

鼓风机控制原理如图 3-53 所示。

鼓风机转速控制的目的是为了调节降温或升温速度,稳定车内温度。鼓风机转速控制系统主要由水温传感器、蒸发器传感器、鼓风机电阻器、功率晶体管、ECU、鼓风机电动机和控制面板等组成。其中功率晶体管的作用是根据 ECU 的 BLW 端子输出的鼓风机驱动信号,改变流至鼓风机电动机的电流,从而改变鼓风机的转速。

3. 进气模式控制

进气模式控制的目的是调节进入车内的新鲜空气量,使车内空气温度和品质达到最佳。

在手动模式中,进气门只有内循环和外循环两种位置。在自动模式中,进气门一般有内循环、20%新鲜空气和外循环三种位置。

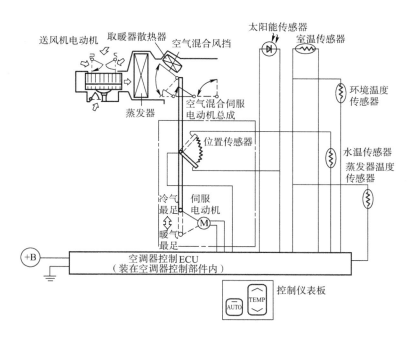

图3-53 鼓风机控制原理

小提示

若车内温度为35℃,进气门处于内循环位置,以快速降温;

若车内温度为30℃,进气门处于20%新鲜空气位置,引进部分新鲜空气以改善空气品质;

若车内温度为25℃,进气门处于外循环位置。

4. 压缩机控制

(1)基本控制,ECU根据车内温度、车外温度、蒸发器温度和设定温度等参数,自动控制压缩机的通断,调节蒸发器表面温度,并防止蒸发器表面结冰;

(2)低温保护,车外温度低于某值(如3~8℃),停止压缩机工作;

(3)高速控制,发动机转速高于某转速时,停止工作;

(4)加速切断;

(5)高温控制,发动机冷却液温度超过某值(109℃),停止压缩机工作。

5. 工作模式控制

工作模式控制的目的是调节送风方向,提高舒适性。工作模式控制系统主要由传感器、ECU、工作模式控制伺服电动机和控制面板等组成。ECU根据传感器信号按照"头冷脚热"的原则自动调节模式风门的位置。

小提示

雅阁轿车几种常见的工作模式。

(1) 气流被分成两部分,自地板出风口与风窗玻璃底部除霜装置出风口吹出。具体如图 3-54 所示。

(2) 气流自地板出风口吹出。具体如图 3-55 所示。

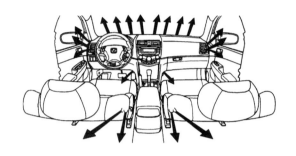

图 3-54 出风模式 1

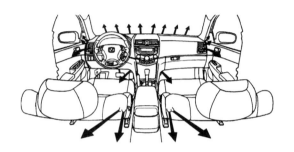

图 3-55 出风模式 2

(3) 气流被分成两部分,自仪表板出风口与地板出风口吹出。具体如图 3-56 所示。

(4) 气流自仪表板中央出风口和侧面出风口吹出。具体如图 3-57 所示。

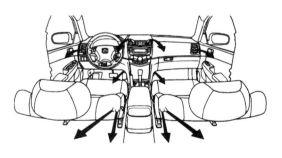

图 3-56 出风模式 3

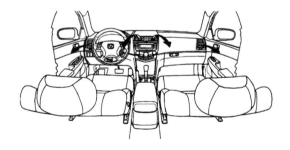

图 3-57 出风模式 4

二、计划与实施

 3. 现已将自动空调电气元件安装在车辆上,根据图 3-58,结合实车,找出相应的电气元件,并在实车上进行电路连接,分析雅阁轿车自动空调电路控制原理。

如图 3-58 所示,当打开鼓风机开关时,空调电脑接收到鼓风机开关信号后通过 85 号端脚向功率晶体管发出控制信号,使得功率晶体管导通,通过调整功率晶体管基极电流来控制到送风机电动机的电

流。电路中电流流向:蓄电池正极→(发动机罩下熔断丝/继电器盒)1号(100A)→(发动机罩下熔断丝/继电器盒)3号(50A)→点火开关→(驾驶员侧仪表板下熔断丝/继电器盒)16号(7.5A)→鼓风机电动机1号端脚→鼓风机电动机2号端脚→功率晶体管4号端脚→功率晶体管2号端脚→搭铁→蓄电池负极。

 4. 现已经完成了仪表板总成的装配,如何使用自动空调控制面板对汽车自动空调进行检查与诊断?

1. 自动空调控制面板的使用

空调控制面板和中控台按钮功能如图3-59和图3-60所示。

(1)自动车内空气环境控制。

①按下自动(AUTO)按钮,按钮内的指示灯随即点亮。

②通过温度控制开关设定温度。可以分别独立地设定驾驶员侧和乘员侧的温度。

(2)独立控制(DUAL)按钮。按下此按钮可以将两侧的温度设定为与驾驶员侧的温度一致。

(3)关闭所有的装置。按下关闭(OFF)按钮,车内空气环境控制系统将完全关闭。

(4)风扇控制。按下风扇控制按钮可以升高或降低风扇的速度和气流温度。

(5)空调(A/C)按钮。此按钮可以打开或关闭空调系统,会看到在显示屏上显示"A/C ON"和"A/C OFF"。

(6)内循环按钮。当内循环指示灯亮时,来自车内的空气通过本系统再次被送入车内,当指示灯熄灭时,空气将来自车外(新鲜空气模式)。

(7)后窗除霜按钮。此按钮可以关闭和打开后窗除霜装置。

(8)模式控制。利用模式控制按钮,可以选择出风口的气流方向。任何模式下,都会有些空气从仪表板出风口吹出来。

(9)风窗玻璃除霜按钮。当按下此按钮后,系统将会自动启动空调。若欲快速除霜,应将风扇速度手动设定至高速挡,应关闭位于仪表板上的角落出风口,增强被导向风窗玻璃的气流

(10)温度控制。车辆装配有两个独立温度控制开关,点按温度控制按钮就可以调节主副驾驶侧的温度,按下(AUTO)按钮或风窗玻璃除霜按钮,可以将温度显示在屏幕上,按下(DUAL)按钮,可以将副驾驶侧的温度设置为与驾驶侧一样。

2. 空调自诊断的方法

进入空调自诊断功能的具体步骤:

(1)将点火开关转至LOCK(0)位置,然后转至ON(Ⅱ)位置;

(2)按住OFF按钮,然后在10s内按下并松开后窗除雾器\后视镜除雾器按钮5次。松开OFF按钮,此时将进入空调自诊断。

(3)将点火开关转至LOCK(0)位置,取消自诊断功能。

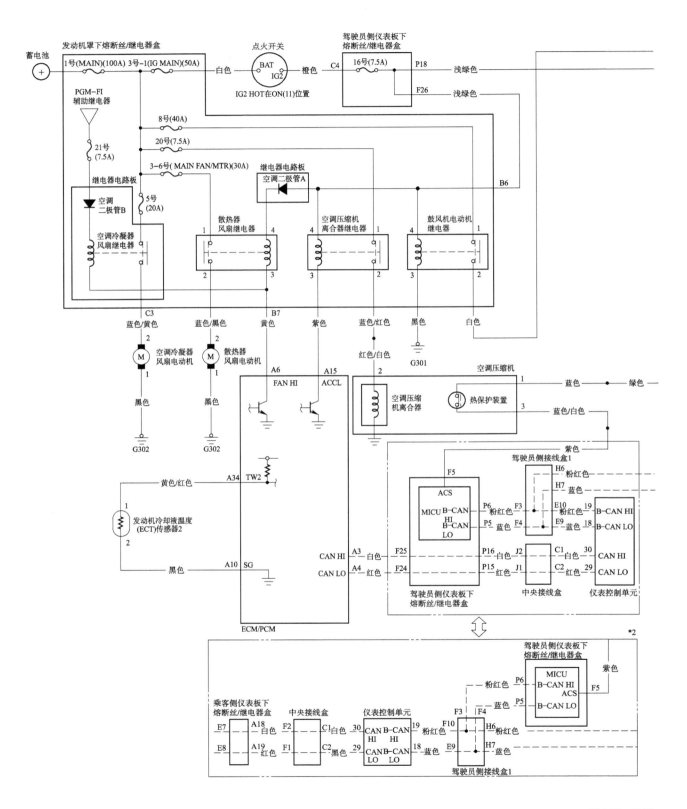

图 3-58 空调

项目3 风机及仪表板总成装配

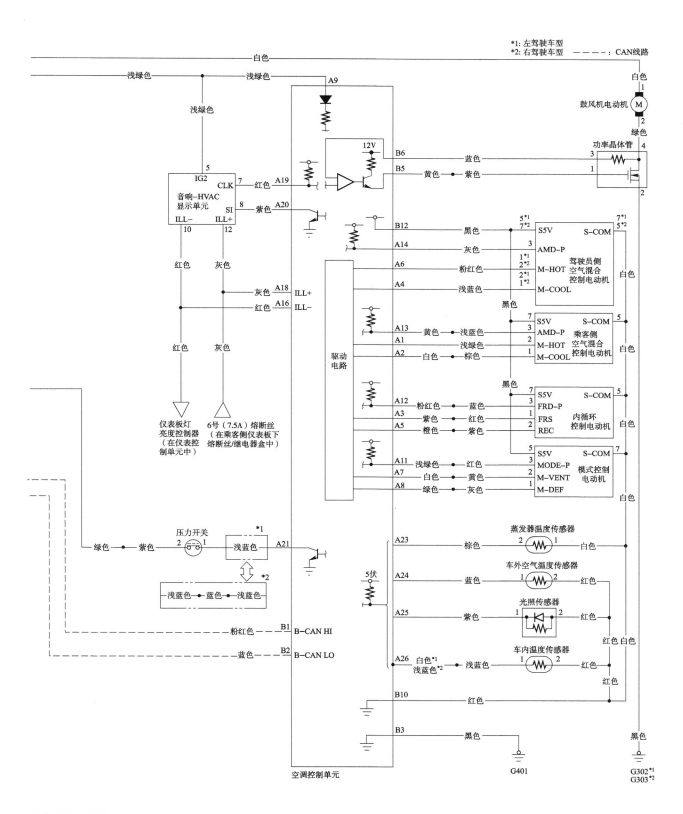

控制系统电路图

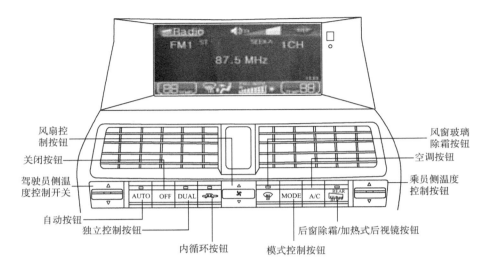

图 3-59 空调控制面板

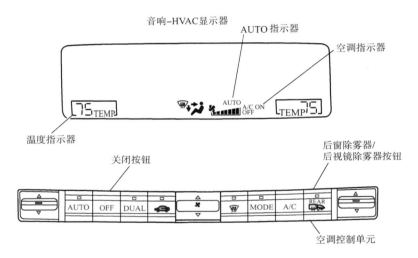

图 3-60 中控台按钮功能

 小提示

若系统有故障,温度显示屏将指示一个或多个故障码(DTC),如果没有出现DTC,指示器保持空白,如图3-61所示。

图 3-61 空调诊断显示屏显示

故障码含义见表3-12。

故 障 代 码 表　　　　　　　　　　表3-12

DTC	检测项目
A 和 AUTO	车内温度传感器电路断路
B 和 AUTO	车内温度传感器电路短路
C 和 AUTO	车外温度传感器电路断路
D 和 AUTO	车外温度传感器电路短路
E 和 AUTO	光照传感器电路断路
F 和 AUTO	光照传感器电路短路
G 和 AUTO	蒸发器温度传感器电路断路
H 和 AUTO	蒸发器温度传感器电路短路
A 和 A/C	驾驶员侧空气混合控制电动机电路断路
B 和 A/C	驾驶员侧空气混合控制电动机电路短路
C 和 A/C	驾驶员侧空气混合控制连杆、风门或电动机电路故障
D 和 A/C	乘客侧空气混合控制电动机电路断路
E 和 A/C	乘客侧空气混合控制电动机电路短路
F 和 A/C	乘客侧空气混合控制连杆、风门或电动机电路故障
G 和 A/C	模式控制电动机电路断路
H 和 A/C	模式控制电动机电路短路
J 和 A/C	模式控制连杆、风门或电动机电路故障
K 和 A/C	内循环控制电动机电路断路
L 和 A/C	内循环控制电动机电路断路
M 和 A/C	内循环控制连杆、风门或电动机电路故障
N 和 A/C	鼓风机电动机电路故障
A	空调控制单元内部故障
B	输出轴转速传感器信号错误,检查A/T系统中是否存在DTC并转至显示DTC的故障排除,如果没有发现,更换空调控制单元
C	发动机冷却液温度(ECT)传感器信号错误,检查PGM-FI系统中是否存在DTC并转至显示DTC的故障排除,如果没有发现,更换空调控制单元
D	通信总线故障(总线关闭)

三、评价反馈

（1）请对空调控制电路品质情况进行检查，填写表3-13。

空调控制电路品质检查　　　　　　　　　　　　　　　表3-13

序号	项　目	空调控制电路品质检查结果
1	是否有次品	
2	物料是否有破损	
3	仪表线路走向是否有错误	
4	各电气元件线路连接是否牢固	
5	胶钉是否有松动和脱落	
6	护套是否有压边紧贴车身	
7	是否将搭铁线固定螺栓紧固到规定力矩	
8	作业顺序是否正确	
9	作业工时是多少？（单位：s）	
10	品质保证（OK/NG）	
11	工具使用是否正确	
12	是否规范完成场地和设备的整理、清洁等日常维护工作	
13	小组是否分工合理，配合良好	

（2）如图3-62所示为雅阁轿车鼓风机总成内部结构，请分别写出箭头所示各零件的名称和用途，并填写表3-14。

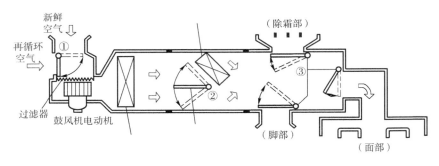

图3-62　雅阁轿车鼓风机内部结构

鼓风机总成内部各零件名称及用途　　　　　　　　　　表3-14

序号	名　称	用　途
1		
2		
3		

（3）现已完成汽车空调的装配，并且已经对相关的电气元件进行电路的连接。在使用过程发现仪表板各出风口无冷风喷出，采用本田原厂诊断仪读取故障码显示"压缩机控制电路故障"，请根据电路图3-58制订检测计划，并完成表3-15。

压缩机控制电路检查 表 3-15

检测步骤	检测零件	检测内容	检测结果	确认签名
1	20 号熔断丝	检测熔断丝的通断		
2	压缩机离合器继电器	检测继电器线圈		
3				
4				
5				
6	压缩机离合器线圈	检测压缩机离合器线圈通断		
7				
8				
9				

（4）请描述你如何解决在本任务学习中遇到的某个或某些问题、困难，并说出从中取得的收获。

_____
_____
_____
_____

项目4 安全辅助系统部件装配

项目目标

1. 叙述安全辅助系统各零部件的名称、作用、组成和安装位置；
2. 解释安全辅助系统的工作原理；
3. 查阅相关资料，识读安全辅助系统部件电路图；
4. 根据作业指导书正确完成安全辅助系统部件装配及检查。

项目描述

为了减少汽车发生碰撞时由于巨大的惯性力造成的车内人员伤害，现代汽车均配备了安全辅助系统。如图4-1所示，请按照作业指导书正确完成整车安全辅助系统部件的装配。

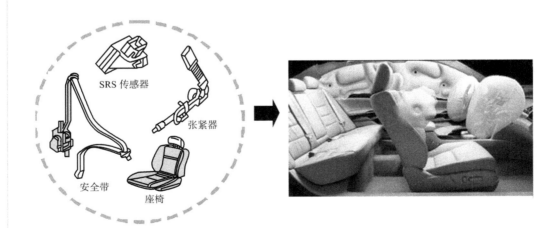

图4-1 安全辅助系统部件装配

建议学时：20 学时。

任务1　安全气囊部件装配

> **任务目标**
> 1. 认识碰撞传感器、安全带张紧器、腰带张紧器等安全气囊部件；
> 2. 叙述安全辅助系统各组成装置的结构、作用和工作原理；
> 3. 解释汽车安全辅助系统的工作原理；
> 4. 制订工作计划，按照作业指导书正确完成安全辅助系统的装配。
>
> **建议学时：8 学时。**
>
> **任务描述**
> 在老师的指导下，根据作业指导书，制订安全气囊部件装配计划，通过小组合作正确完成安全气囊部件的装配。

安全气囊、安全带张紧器是汽车安全辅助系统最常使用的部件，其中安全气囊部件的装配如图4-2所示。安全气囊与座椅安全带配合使用，可以为乘员提供十分有效的防撞保护。

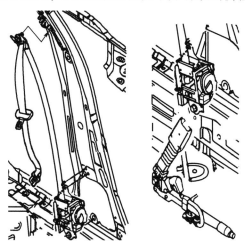

图 4-2　安全气囊部件装配

一、学习准备

 1. 安全辅助系统在汽车上的作用是什么？现代汽车的安全辅助系统可以分为哪几种类型？

1. 安全辅助系统的作用

安全辅助系统全称是辅助防护系统（Supplemental Restraint System）或辅助防护安全气囊系统（Supplemental Restraint Safe Air Bag System），英文缩写为 SRS。现代汽车都装备了各种被动安全装置，例如

125

ABS、ASR 等。安全辅助系统是汽车上最常见的被动安全装置。当汽车遭受一次碰撞后，二次碰撞前，安全气囊迅速膨胀，在驾驶员或乘员与车内构件之间铺垫一个气垫，利用气囊排气节流的阻尼作用来吸收人体惯性力产生的动能，从而减轻人体遭受伤害的程度。

 小提示

当汽车与障碍物碰撞后，称为一次碰撞。车内人员与车内构件发生碰撞称为二次碰撞。

2. 安全辅助系统的分类

(1) 按碰撞类型分。

根据碰撞类型的不同，安全辅助系统可以分为正面防护安全气囊系统、侧面防护安全气囊系统和顶部碰撞防护安全气囊系统。

(2) 按照安全气囊安装数目分。

按照安全气囊安装数目可分为单气囊系统、双气囊系统和多气囊系统。单 SRS 气囊系统只装备有驾驶席气囊。20 世纪 90 年代以前装备于车辆上的基本都是单 SRS 气囊系统。双 SRS 气囊系统装备有驾驶席和前排乘员席两个气囊，近几年生产的轿车大多数都采用了双 SRS 气囊系统。无论 SRS 气囊系统气囊数量多少，均可采用一个 SRS 专用电脑控制。

(3) 按照安全气囊的触发机构分。

按照安全气囊的触发机构可分为电子式和机械式两种。

 小提示

1. 机械式 SRS

机械式 SRS 不需要使用电源，没有电子电路和电路配线，全部零件组装在转向盘装饰盖板下面。检测碰撞动作和引爆点火剂都是利用机械装置动作来完成的。最早采用机械式 SRS 的是日本丰田(TOYOTA)汽车公司。

2. 电子式 SRS

电子式 SRS 是机械式 SRS 和电子技术发展的产物。它是利用传感器检测碰撞信号并送往 SRS 电脑(ECU)，电脑根据传感器信号并利用内部预先设置的程序不断进行数学计算和逻辑判断。当判断结果为发生碰撞时，ECU 立即发出点火指令引爆点火剂，点火剂引爆时产生大量热量使充气剂叠氮化钠药片受热分解，并产生大量氮气向 SRS 充气。目前，汽车采用的 SRS 普遍都是电子式 SRS。

 2. 安全辅助系统对保证车内人员的安全具有重要意义，该系统由哪些部件组成？分别安装在汽车上什么位置？在整个系统中分别扮演什么角色和发挥着怎么样的作用呢？

项目 4　安全辅助系统部件装配

1. 安全辅助系统的组成和安装位置

安全辅助系统主要由以下部件组成：驾驶员安全气囊、前排乘客安全气囊、侧安全气囊、侧窗帘式安全气囊、SRS 单元、OPDS 单元、安全带张紧器、安全带腰带张紧器、OPDS 传感器、正面碰撞传感器、侧碰撞传感器、线盘、SRS 指示灯等组成。各组件具体的安装位置如图 4-3 和图 4-5 所示。

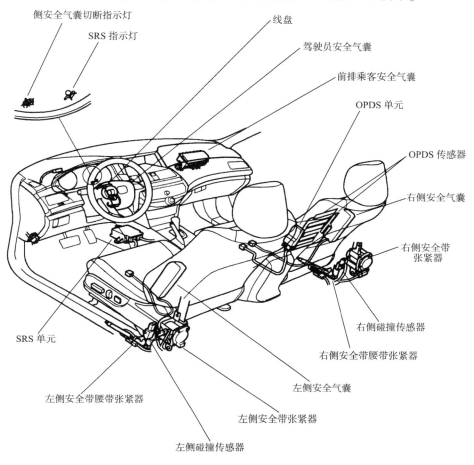

图 4-3　安全辅助系统各零部件安装位置一

 小提示

在装有安全气囊系统的容器外部都印有 SRS 或 AIRBAG 字样。如图 4-4 所示。

图 4-4　安全气囊

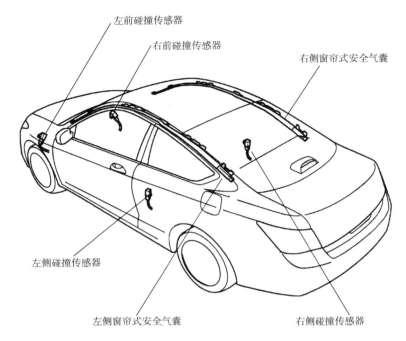

图 4-5　安全辅助系统各零部件安装位置二

2. 安全辅助系统的各部件

（1）前部安全气囊。

前部安全气囊由驾驶员侧主气囊和乘客侧主气囊组成，具体如图 4-6 所示。驾驶员侧主气囊主要作用是防止车辆在发生碰撞时驾驶员与转向盘、仪表板及前风窗玻璃发生碰撞而造成伤害，其主要安装于转向盘内。前排乘员气囊主要作用是防止车辆在发生正面碰撞时前排乘员与仪表板、前风窗玻璃发生碰撞而造成伤害，其主要安装于仪表板内部。

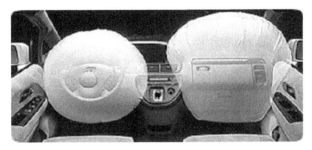

图 4-6　前部安全气囊工作示意图

由于驾驶员侧主气囊和前排乘员气囊采用的是相同的传感器，所以两者可以同时充气展开，但也可以只给一个气囊充气。这主要由 SRS 单元根据碰撞严重情况是否达到临界或阀值水平时决定。当气囊展开而不佩戴安全带时，只能提供最低限度的辅助保护作用。

由此可见，只有当安全气囊和安全带一起使用时，才能最大限度地降低车祸所带来的危害。

（2）侧面安全气囊。

侧面安全气囊一般安装于座椅内或者车门内，具体如图 4-7 所示。在发生中度到严重侧面碰撞的情况下，它们有助于保护驾驶员或前排乘客的上部躯干。安装于门梁的侧面碰撞传感器检测到车辆发生侧面碰撞时,立即将此信息发送到 SRS 单元,SRS 单元马上发出指令,让驾驶员或乘客侧的气囊展开。在一次侧面碰撞中,只会展开一个侧面安全气囊。如果碰撞发生在乘客侧,那么乘客侧气囊就会展开,若该侧无乘客,则不打开。

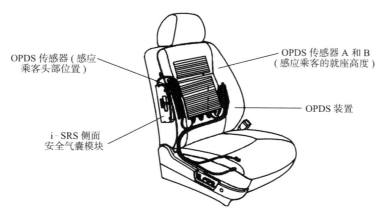

图 4-7 侧安全气囊示意图

 学习拓展

车辆是如何判断乘客侧无人乘坐?

为了避免在乘客侧无人乘坐,乘客侧安全气囊在发生侧面碰撞时展开造成的经济损失。本田雅阁轿车采用了乘客位置检测系统,简称 OPDS。该系统由三个 OPDS 传感器和 OPDS 装置组成,它们均安装于副驾驶员座椅内,具体如图 4-7 所示。三个 OPDS 传感器分别采集乘客就座高度、位置、身材等数据。OPDS 装置根据传感器提供的信号确定是否在发生侧面碰撞时展开乘客侧安全气囊。例如,当 OPDS 确定前排乘客为小孩或者前排乘客采取睡姿时,SRS 单元就会自动使乘客侧气囊失效,此时仪表板上会点亮侧面安全气囊断开指示灯,提醒驾驶员在发生侧面碰撞时,侧面安全气囊不会展开。

(3)侧面窗帘式安全气囊。

侧面窗帘式安全气囊装于中立柱上方,具体如图 4-8 所示。侧面窗帘式气囊是一种可充气的帘幕,它可以在发生侧面碰撞时在乘客的头部和侧门玻璃之间提供缓冲垫。气囊从车顶内衬上紧邻前后抓手的部位张开。

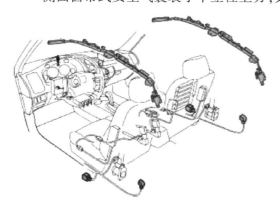

图 4-8 侧面窗帘式安全气囊安装位置示意图

(4)安全带。

只有当安全带与安全气囊配合使用时,才能给车内人员提供最大限度的保护。在车辆发生碰撞时,安全带张紧装置立即收紧安全带,以保护座椅上的乘坐者,安全带及安全带张紧装置安装位置如图 4-9 所示。雅阁车辆配备两种安全带张紧器,分别是腰带张紧器(图 4-10)和座椅安全带张紧器(图 4-11)。座椅安全带张紧器工作时,球体与齿轮啮合,与齿轮直接连接的卷轴转动,并收紧座椅安全带。腰带张紧器与座椅安全带张紧器及安全气囊配套工作。在座椅安全带张紧器猛地拉动收缩器侧安全带的同时,腰带张紧器会迅速拉紧下方锚固定侧的座椅安全带,由此进一步改善了约束效果,更好地保护车内人员。

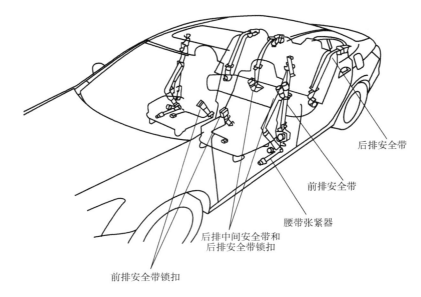

图 4-9　安全带及安全带张紧装置安装位置图

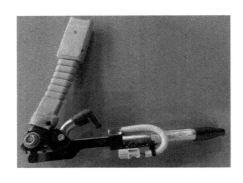

图 4-10　腰带张紧器

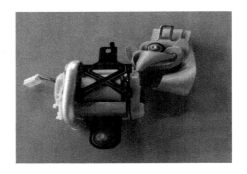

图 4-11　座椅安全带张紧器

小词典

（1）什么是三点式安全带？

三点式安全带被公认为是人类历史上,挽救了最多生命的技术发明之一。其织带由结实的合成纤维织成,包括斜跨前胸的肩带,绕过人体胯部的腰带。在座椅的外侧和内侧地板上各有一个固定点,第三个固定点位于座椅外侧车身支柱的上方。绕过上方固定点的环状导向板,织带伸入车身支柱内腔并卷在支柱下端的收卷器内。当汽车发生碰撞事故的一瞬间,乘员尚未向前移动时它会首先拉紧织带,立即将乘员紧紧地绑在座椅上,然后锁止织带防止乘员身体前倾,有效保护乘员的安全。

（2）为什么安全带在快速拉紧时会有卡滞现象呢？

人们快速拉动安全带就犹如车辆高速运行时突然发生碰撞而停止前行，但车内人员由于惯性作用还会保持原来的运动速度迅猛地往前冲。出于安全考虑，当座椅安全带快速拉出时，收卷器内部的锁紧机构会工作，防止人员往前冲，具体见图4-12所示。

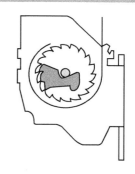

图4-12　锁紧机构工作示意图

（5）碰撞传感器。

本田雅阁轿车主要有两种碰撞传感器，如图4-13所示。前碰撞传感器左右各一个，侧碰撞传感器也是左右各一个。驾驶员和前排乘客气囊采用的是两前碰撞传感器的信号，因此只要当两前碰撞传感器中的任意一个或两个被触发了，都会引爆驾驶员或前乘客气囊。两侧碰撞传感器分别负责两侧气囊的引爆。例如，当左侧面受到碰撞后，左侧碰撞传感器被触发，只会引爆左侧气囊，右侧气囊保持原状。

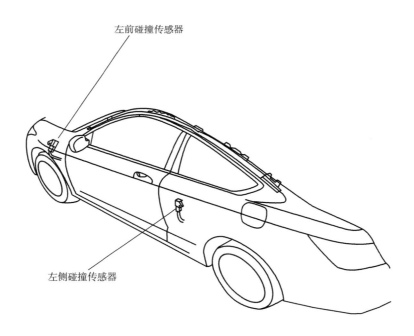

图4-13　碰撞传感器安装位置图

（6）SRS单元。

SRS单元安装于中央扶手下，它是安全辅助系统的核心部件，如图4-14所示。SRS单元的主要作用是接收来自碰撞传感器、安全带锁扣开关等传送过来的信号，经过分析、判断等步骤后，确定车辆碰撞强度和碰撞方向，并向各气囊和安全带张紧器等执行器发出工作指令，同时监测系统工作状态。

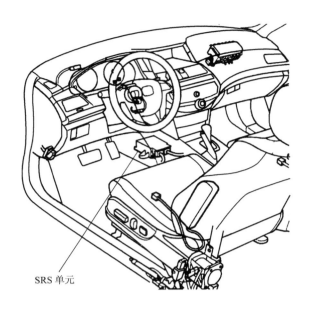

图 4-14　SRS 单元安装位置图

二、计划与实施

　3. 现已完成整车线束的铺设、发动机舱零部件、仪表板总成的装配,根据制造厂生产工艺流程,如何完成整车安全辅助系统部件的装配?

1. 制订前排安全带装配计划

制订前排安全带装配计划,填写表 4-1。

前排安全带装配计划　　　　　　　　　　　　表 4-1

工序	作业内容	品质基准	物料	工时(s)
1	右前安全带安装	准确定位		
2	连接 SRS 插头	牢固连接		
3	紧固右前安全带上下自带螺栓(2 颗)	拧紧力矩 9.8N·m		
4	用 1 颗螺栓固定安全带下部	拧紧力矩 9.8N·m		
5	左前安全带安装	准确定位		
6	连接 SRS 插头	牢固连接		
7	紧固左前安全带上下自带螺栓(2 颗)	拧紧力矩 9.8N·m		
8	用 1 颗螺栓固定安全带下部	拧紧力矩 9.8N·m		

2. 实施前排安全带装配

按照制订的计划,参考作业指导书 4-1 实施前排安全带的装配并检查装配质量。

项目 4　安全辅助系统部件装配

作业指导书 4-1

作业内容		右前安全带安装		
序号	操作程序	品质基准	操作要点	安全注意事项	确认方法
1	确认零件规格与安装方位一致	规格匹配	确认零件规格与安装方位一致		目视
2	连接 SRS 插头一个	锁紧卡爪锁到位,无脱落	听到"咔嗒"响声,确保插头卡爪完全锁止并垂直回拉确认,线束走向要平行不能交叉		目视
3	紧固右中安全带①两颗自带螺栓	参考力矩 12~16N·m	确认安全带的卡爪卡在车身防止转动孔上,先紧固自带螺栓 a,再紧固自带螺栓 b		目视
4	紧固螺栓②一颗	参考力矩 3~6N·m	紧固时先拉开安全带,避免安全带与风扳套筒连接位置接触,造成安全带污迹		目视

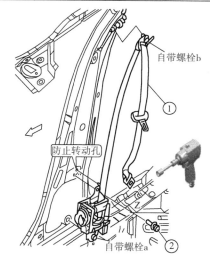

 学习拓展

(1) 爆燃式安全带张紧器结构,具体如图 4-15 所示。

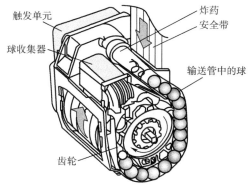

图 4-15　爆燃式安全带张紧器

133

爆燃式安全带张紧器中的卷收器是以紧急锁止卷收器为基础,加装于收紧装置和控制装置,使得卷收器除了具有紧急锁止卷收器的功能外,还有急速回拉织带的功能。爆燃式安全带张紧器由气体引发剂、气体发生剂、输送管、钢球、钢球收集器和齿轮组成。

(2)爆燃式安全带张紧器工作过程,具体如图4-16所示。

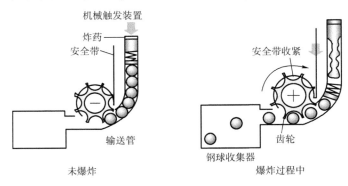

图4-16 张紧器工作过程

在发生碰撞时,触发单元激发气体引发剂,炸药爆炸后产生压力气体推到钢球,钢球被输送到管内,钢球啮合齿轮从而驱动齿轮,钢球齿轮带动卷带筒收缩,拉动安全带收紧。最后紧急锁止卷收器锁止织带,使得乘员的前冲距离缩短,有效避免了发生二次碰撞。

3. 制订后排安全带装配计划

制订后排安全带装配计划,填写表4-2。

后排安全带装配计划　　　　表4-2

工序	作业内容	品质基准	物料	工时(s)
1	后排座椅右安全带安装	准确定位		
2	紧固右后安全带上下自带螺栓(2颗)	拧紧力矩22N·m		
3	用1颗M6×16螺栓固定安全带上部	拧紧力矩22N·m		
4	后排座椅后中安全带安装	准确定位		
5	紧固后中安全带上下自带螺栓(2颗)	拧紧力矩22N·m		
6	用1颗M6×16螺栓固定安全带上部	拧紧力矩22N·m		
7	后排座椅左安全带安装	准确定位		
8	紧固左后安全带上下自带螺栓(2颗)	拧紧力矩22N·m		
9	用1颗M6×16螺栓固定安全带上部	拧紧力矩22N·m		

4. 实施后排安全带的装配

按照制订的计划,参考作业指导书4-2实施后排安全带的装配并检查装配品质。

项目 4　安全辅助系统部件装配

作业指导书 4-2

作业内容		后排座椅右安全带安装		
序号	操作程序	品质基准	操作要点	安全注意事项	确认方法
1	确认零件规格与安装方位一致	规格匹配	确认零件规格与安装方位一致		
2	将右后安全带①放到车身安装位置上	无跌落	先卡爪卡进防止转动孔内,在将自带螺栓 a 卡入螺孔内		
3	紧固右后安全带①两颗自带螺栓	参考力矩 12～16N·m	确认安全带的卡爪卡在车身防止转动孔上,先紧固自带螺栓 a,再紧固自带螺栓 b,确保安全带无扭曲现象		
4	紧固螺栓②一颗	参考力矩 3～6N·m	紧固先拉开安全带,避免安全带与风扳套筒连接位置接触,造成安全带污迹		

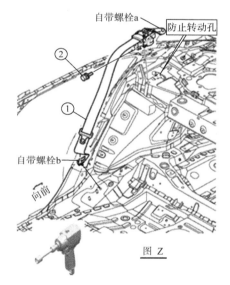

图 Z

 小提示

1. 装配前安全带卷收器品质确认

在装配前需要对安全带卷收器进行品质检查:

(1)车外检查,具体做法如图 4-17 所示。

①安装卷收器前,检查并确认安全带可自由拉出;

②当卷手气 A 从安装位置缓慢倾斜 15°时,确保安全带未锁止。当卷收器倾斜超过 40°时,安全带锁止。

135

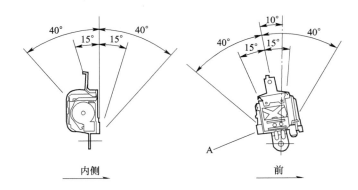

图 4-17 安全带卷收器检查方法图

（2）车内检查。

①检查并确认安全带未扭曲或缠住东西；

②安装锚定器后，检查它是否能在锚定器螺栓上自由移动；

③检查安全带是否损坏或褪色；

④检查并确认向外缓慢拉出安全带时，安全带未锁住，安全带仅在突然制动或碰撞时锁止；

⑤在松开安全带时，确保安全带自动卷收。

5. 制订安全带张紧器装配计划

制订安全带张紧器装配计划，填写表4-3。

安全带张紧器装配计划　　　　　　　　　　　　　　　　表4-3

工序	作业内容	品质基准	物料	工时(s)
1	安装右安全带张紧器	规格无误		
2	连接右安全带下部收紧装置1颗插头	拧紧力矩为22N·m		
3	将右安全带张紧器卡入定位孔	准确定位		
4	紧固1颗自带螺栓	拧紧力矩为22N·m		
5	安装左安全带张紧器	规格无误		
6	连接左安全带下部收紧装置1颗插头	拧紧力矩为22N·m		
7	将左安全带张紧器卡入定位孔	准确定位		
8	紧固1颗自带螺栓	拧紧力矩为22N·m		

6. 实施安全带张紧器的装配

按照制订的计划，参考作业指导书4-3实施安全带张紧器的装配并检查装配品质。

项目4 安全辅助系统部件装配

作业指导书4-3

作业内容		安装右安全带张紧器			
序号	操作程序	品质基准	操作要点	安全注意事项	确认方法
1	确认右侧安全带张紧器①规格	规格无误	确认零件规格与安装位置一致		
2	连接地板线束4针插头	锁紧卡爪锁到位,无脱落	听到"咔嗒"响声,确保插头卡爪完全锁止并垂直回拉确认,线束走向不能交叉		
3	紧固1颗自带螺栓	参考力矩 12～16N·m	紧固时把定位销插入,再紧固螺栓		

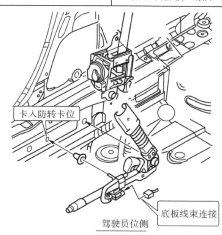

 小提示

若在工作过程中,发现错误装配安全带,必须重新装配时,该如何断开安全带与腰带张紧器的连接呢?

(1)将辅具A插入腰带连接器盖C背面的孔B中,必须确保辅具与腰带连接器盖垂直,具体做法如图4-18所示。

(2)小心地将一把小螺丝刀C的尖端插入腰带连接器盖的孔内,然后推入螺丝刀,松开安全带与腰带张紧器的连接,具体做法如图4-19所示。

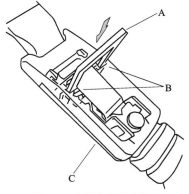
图4-18 解除安全带步骤1

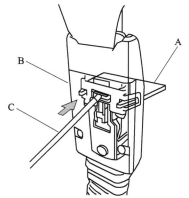
图4-19 解除安全带步骤2

137

7. 制订碰撞传感器装配计划

制订碰撞传感器装配计划,填写表4-4。

碰撞传感器装配计划　　　　　　　　　　　　　　　　　　　表4-4

工序	作业内容	品质基准	物料	工时(s)
1	连接右前SRS传感器插头并目视确认插头	牢固连接		
2	安装右前传感器线束胶钉	无松脱		
3	将右前SRS传感器预装在右前横梁上	规格无误		
4	用螺栓将SRS传感器固定在左前横梁上	拧紧力矩为9.8N·m		
5	连接左前SRS传感器插头并目视确认插头	牢固连接		
6	安装左前传感器线束胶钉	无松脱		
7	将左前SRS传感器预装在右前横梁上	规格无误		
8	用螺栓将SRS传感器固定在左前横梁上	拧紧力矩为9.8N·m		
9	将左中柱SRS传感器预装在左中柱上	准确定位		
10	用螺栓将SRS传感器固定在左中立柱上	拧紧力矩为9.8N·m		
11	连接左中立柱SRS传感器插头	牢固连接		
12	将右中柱SRS传感器预装在右中柱上	准确定位		
13	用螺栓将SRS传感器固定在右中立柱上	拧紧力矩为9.8N·m		
14	连接右中立柱SRS传感器插头	牢固连接		

8. 实施碰撞传感器的装配

按照制订的计划,参考作业指导书4-4实施碰撞传感器的装配并检查装配品质。

作业指导书4-4

序号	作业内容 操作程序	安装右中立柱碰撞传感器 品质基准	操作要点	安全注意事项	确认方法
1	连接右中立柱SRS传感器插头并目视确认插头紧贴无间隙	无虚插	连接插头时听到"咔嚓"声,连接后回拉确认插头完全卡入,回拉时不能拉线束或插头锁止卡位		
2	将右中立柱SRS传感器①预装在右中立柱上		将SRS传感器定位销装在车身孔内,取件时不造成跌落或破损		
3	用螺栓②将SRS传感器固定在右中柱上	力矩范围:4~6N·m	紧固螺栓时要注意风扳与车身垂直打入,确认螺栓是否安装到位,紧贴无松动		

9. 制订SRS电子盒的装配计划

制订SRS电子盒的装配计划,填写表4-5。

SRS电子盒的装配计划　　　　　　　　　　　　　　　　　　　　　表4-5

工序	作业内容	品质基准	物料	工时(s)
1	将SRS电子盒投放在中纵梁上	无外伤		
2	用螺栓(3颗)将SRS电子盒固定在中纵梁上	拧紧力矩为9.8N·m		

10. 实施碰撞传感器的装配

按照制订的计划,参考作业指导书4-5实施碰撞传感器的装配并检查装配品质。

作业指导书4-5

作业内容		安装SRS电子盒			
序号	操作程序	品质基准	操作要点	安全注意事项	确认方法
1	将SRS电子盒①投放在中纵梁上	无掉落	将SRS电子盒定位在车身孔内,取件时不造成跌落或破损		目视
2	用螺栓②(3颗)将SRS电子盒固定在中纵梁上	力矩范围:4~6N·m	紧固螺栓时要注意操作手法,先预紧A,再紧固B、C,最后增紧A,如下图所示。确认螺栓是否安装到位,紧贴无松动		目视

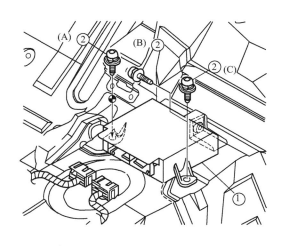

小提示

在进行安全辅助系统的作业流程中的注意事项见表4-6。

在进行安全辅助系统的作业流程中的注意事项　　表4-6

序号	注意事项	图示
1	称垫面朝上,不要在气囊上放置任何东西	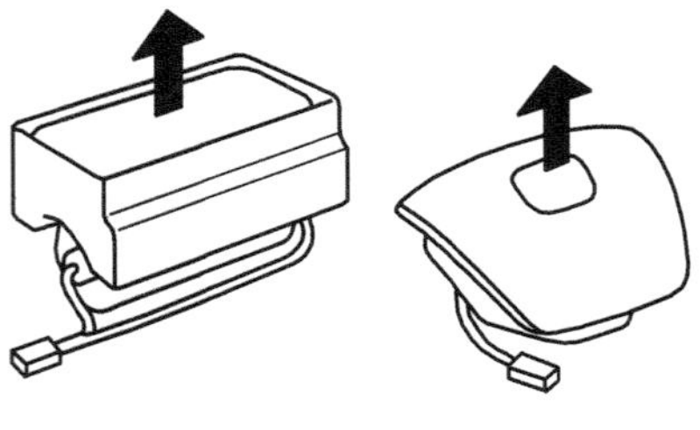
2	气囊要远离热源、机油、清洁剂、水等液体	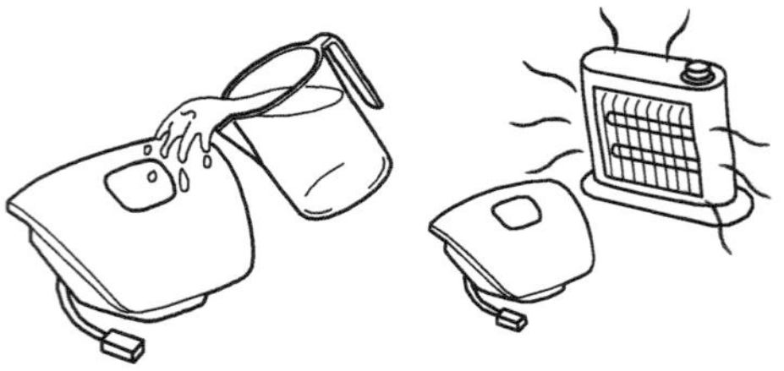
3	不能用工具敲击零件,切勿掉落气囊	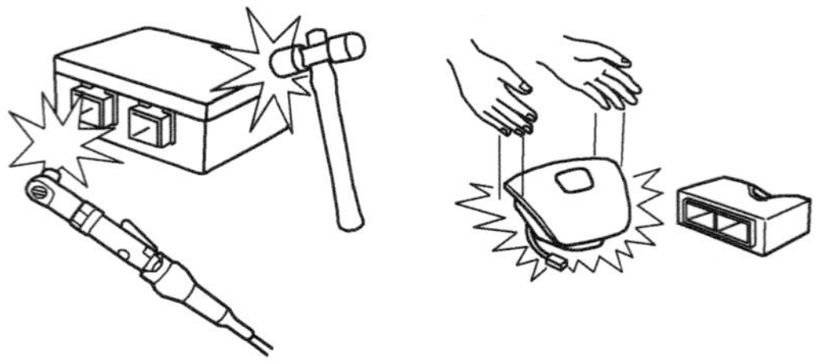
4	双手握住帘式气囊,如右图所示	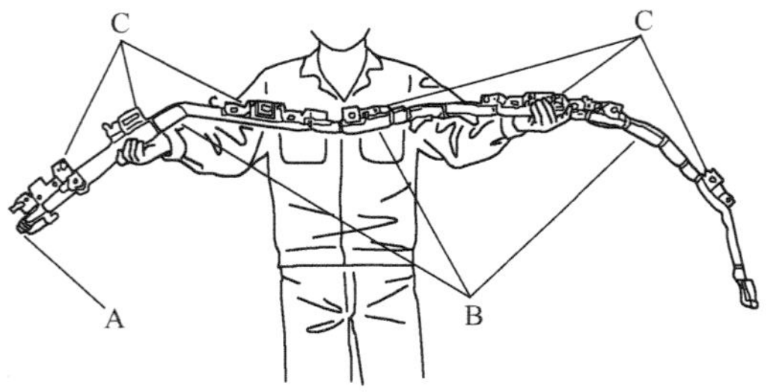
5	作业时,人员不能站在气囊前面	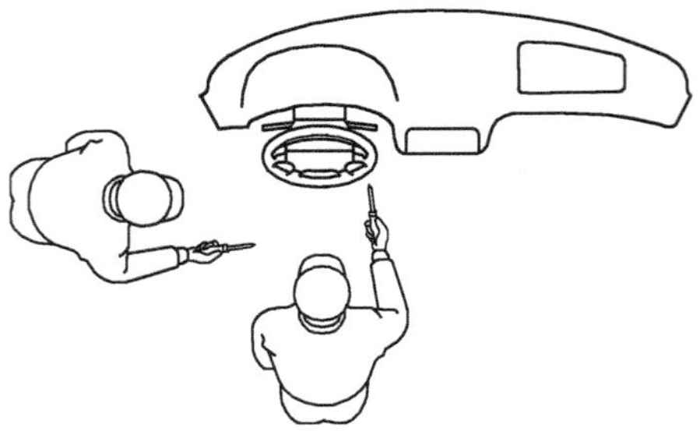

三、评价与反馈

（1）请对安全气囊部件的装配情况进行检查，填写表4-7。

安全气囊部件装配质量品质　　　　　　　　　　表4-7

序号	项目	气囊部件装配品质检查结果
1	是否有次品	
2	物料是否有破损	
3	安装方向是否有错误	
4	安全带是否有扭曲	
5	胶钉是否有松动和脱落	
6	护套是否有压边紧贴车身	
7	是否将搭铁线固定螺栓紧固到规定力矩	
8	作业顺序是否正确	
9	作业工时是多少？（单位:s）	
10	品质保证(OK/NG)	
11	工具使用是否正确	
12	是否规范完成场地和设备的整理、清洁等日常维护工作	
13	小组是否分工合理，配合良好	

（2）装配结束后，发现气囊故障指示灯常亮，用诊断仪读取故障码，提示"左前碰撞传感器信号故障或线路故障"，请结合图4-20和图4-21，使用万用表检查相关零件，排除故障，请写出检查的步骤和结论。

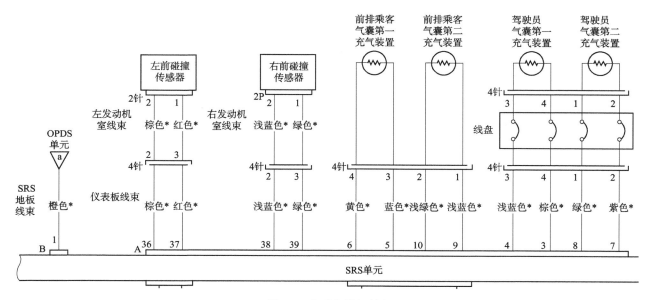

图4-20　气囊控制电路图

阴端子的线束侧

图 4-21　线束端子

检查的步骤和结论：

步骤一：断开 SRS 单元插接器 A；

(3) 请描述你如何解决在本任务学习中遇到的某个或某些问题、困难，并说出从中取得的收获。

项目4　安全辅助系统部件装配

任务2　整车座椅装配

▷ **任务目标**

1. 认识雅阁轿车整车座椅的结构、组成和作用；
2. 识读电动座椅的控制电路图，检查该电路相关电气元件和线路；
3. 制订工作计划，按照作业指导书正确完成雅阁轿车整车座椅的装配。

建议学时：8 学时。

▷ **任务描述**

在老师的指导下，制订整车座椅装配计划，通过小组合作正确完成整车座椅组件的装配，识读电动座椅的控制电路图，检查该电路相关电气元件和线路。

为了提高汽车的乘坐舒适性，现代汽车均配备了电动座椅，如图 4-22 所示。电动座椅的装配品质会直接影响车内人员的乘坐舒适性。电动座椅主要由电动机、开关和传动装置组成。

图 4-22　雅阁轿车电动座椅

一、学习准备

1. 现代轿车前排座椅都配备了电动座椅，电动座椅可以分为哪几类？电动座椅的组成是怎样的？

汽车座椅的主要功能是为驾驶员及乘员提供便于操作、舒适又安全、不易疲劳的驾乘位置。汽车座椅应满足以下要求：在车厢内布置要合适，尤其是驾驶员的座椅，必须使驾驶员处于最佳的驾驶位置。

1. 电动座椅的分类

（1）根据使用电动机的数量分类。

根据使用电动机的数量，电动座椅可分为单电动机式、双电动机式、三电动机式和四电动机式等。

①单电动机式。单电动机式只能对电动座椅的前后两个方向进行调整。

②双电动机式。双电动机式可以对电动座椅的 4 个方向进行调整,即不仅前后两个方向的位置可以移动,对座椅高低也可以进行自动调整。

③三电动机式。三电动机式可以对电动座椅的 6 个方向进行调整,即不仅能向前后两个方向移动,还可分别对座椅的前部和后部的高低进行调整。

④四电动机式。四电动机式的调整功能除了具有以上三电动机式的调整功能以外,还可对靠背的倾斜度进行调整。

电动座椅装用的电动机最多可达 8 个,除了保证上述基本运动外,还可对头枕高度、座椅长度和扶手的位置进行调整。

(2)按照有无加热器分类。

根据有无加热器,电动座椅可分为无加热器式与有加热器式两种。有加热器式电动座椅可以在冬季寒冷的时候对座椅的坐垫进行加热,以使驾驶员或乘员乘坐更舒适。

学习拓展

座椅加热系统可以对驾驶员和乘员的座椅进行加热,使乘坐更加舒适。图 4-23 为雅阁轿车座椅加热开关,图 4-24 为座椅加热装置。

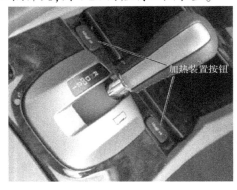

图 4-23　雅阁轿车座椅加热开关　　　　　图 4-24　雅阁轿车座椅加热装置

雅阁轿车前排两个座椅均有加热装置,其中驾驶员座椅有底部和靠背加热,而乘员座椅只有底部加热。按下开关右侧的高温端(HI)可以使座椅快速加热。当温度达到一定值后,加热装置将会关闭,而当温度下降后,加热装置将会再次启动。按下开关左侧的低温端(LO)可以使座椅加热持续,不随温度变化而循环变化。在按下高温端(HI)加热座椅时,当达到舒适温度后再按下低温端(LO),即可保持座椅温度。

注意:使用座椅加热装置将会相当耗电,特别是使用快速加热(按下高温端 HI)。

(3)根据有无存储功能分类。

根据有无存储功能,电动座椅可分为无存储功能与有存储功能两种。有存储功能的电动座椅,可以将每次驾驶员或乘员调整电动座椅后的数据存储下来,作为以后重新调整座椅位置时的基准。

小提示

此外,在座椅中还附加了一些特种功能的装置,如在气垫座椅上使用电动气泵,对各个专用气囊(腰椎支撑气囊、侧背支撑气囊、座位前部的大腿支撑气囊)进行充气,起到调节支撑腰椎、侧背、大腿的作用。具有8种功能的电动座椅如图4-25所示。

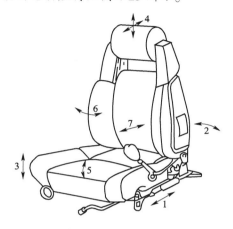

图4-25 多功能电动座椅

1-座椅前后调节;2-靠背倾斜调节;3-座椅上下调节;4-靠枕上下、前后调节;5-座椅前部支撑调节;6-侧背支撑调节;7-腰椎支撑气垫调节

2. 电动座椅的结构和组成

汽车电动座椅由双向电动机、传动机构和调节控制电路(电动机、开关、传动装置)组成。双向电动机产生动力,传动装置可以把动力传至座椅,通过控制开关实现对座椅不同位置的调节。汽车电动座椅结构和电动机的安装位置如图4-26所示。

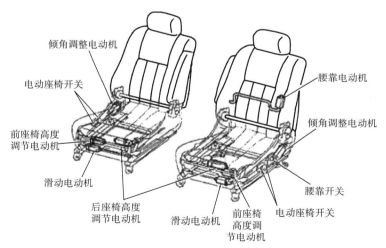

图4-26 汽车电动座椅的结构及各个部件的位置图

(1)双向电动机。

电动座椅中使用的电动机一般为永磁式双向直流电动机。它通过控制开关来改变流经电动机内部

的电流方向,从而实现转动方向的改变。为了防止电动机过载,大多数永磁式电动机内装有热过载保护断路器。电动机的个数取决于座椅的调节范围,同时电动机必须体积小,负荷能力要大。如果只是调节座椅前后移动,仅需要 1 个电动机即可实现,在此功能的基础之上再加装 2 个电动机,就可以实现座椅的上下升降、座椅前后端的升降,这就是我们常说的 6 向移动座椅。很多高级轿车还增加了头枕调整、腰部调节、扶手调节、座椅长度调整等功能,这些功能的增加都是为了使乘坐者更加舒适。所有这些功能的实现都必须通过电动机带动传动机构来实现。

(2)传动机构。

座椅传动机构运行时要求有良好的平稳性,噪声低。现代轿车电动座椅的传动机构一般有蜗轮蜗杆传动、驱动钢丝传动等类型。

蜗轮蜗杆传动的传动部件有蜗杆轴、蜗轮、齿轴和齿条等。如图 4-27 所示,调整时,蜗杆轴在电动机的驱动下,带动蜗轮转动,从而将齿轴旋入或旋出,即座椅下降或上升。如果蜗轮又与齿条啮合,蜗轮转动将齿条移动,即令座椅前移或后移。6 向可调式电动座椅采用 3 个可以倒转的电动机来操作座椅,座椅的前部和后部由不同的电动机控制,可以被独立地升高和降低,第三个电动机控制前/后移动。

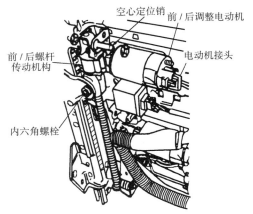

图 4-27 电动机驱动蜗轮蜗杆

驱动钢丝传动方式是驱动钢丝将电动机与驱动螺母相连,齿轮螺母转动千斤顶螺栓和座椅每一侧的调节器,上海通用汽车公司生产的别克世纪轿车就配备了这种类型的电动座椅,如图 4-28 所示为钢丝传动电动座椅,图 4-29 所示为电动机驱动钢丝。乘客可以根据自己的身材将座椅调整到最舒适的位置。

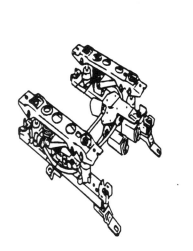

图 4-28 钢丝传动电动座椅

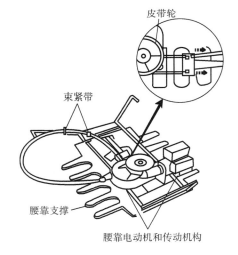

图 4-29 电动机驱动钢丝

(3)调节控制电路。

调节控制电路的控制键按钮设置在驾驶者操纵方便的地方,一般在门内侧的扶手上面。有些轿车的控制器还设有微电脑,有存储记忆能力,只要按下某一个记忆键按钮,即可自动将电动座椅调整到存储的位置上。很多高级轿车,还可以选装电动腰部支撑座椅,调整操作由位于驾驶员座椅下面的上/下或前/后腰部支撑调节器继电器来完成,操作过程由位于驾驶员座椅侧面的开关来控制。

2. 现代汽车的座椅结构复杂,功能齐全,如何正确使用汽车座椅?

如图 4-30 所示为雅阁轿车电动座椅的控制开关。驾驶员座椅上水平开关可沿数个方向调节座椅底部的位置。较短的垂直开关可以调节座椅靠背的角度。点火开关处在任何位置上均可调节座椅的位置。开车之前,要完成对座椅的所有调节。

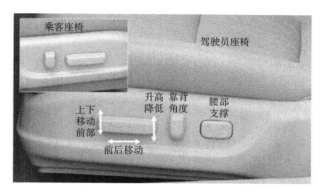

图 4-30　雅阁轿车座椅控制开关

二、计划与实施

3. 现已完成整车线束的铺设,发动机舱零部件、仪表板总成、安全辅助系统部件的装配,根据制造厂生产工艺流程,如何完成汽车座椅的装配?

1. 制订前排座椅的装配计划

制订前排座椅的装配计划,填写表 4-8。

前排座椅的装配计划　　　　　　　　　　　　　表 4-8

工序	作业内容	品质基准	物料	工时(s)
1	左前座椅的安装	无外伤		
2	按照顺序紧固座椅螺栓 4 颗	拧紧力矩为 22N·m		
3	连接相应的插接器	牢固连接		
4	右前座椅的安装	无外伤		
5	按照顺序紧固座椅螺栓 4 颗	拧紧力矩为 22N·m		
6	连接相应的插接器	牢固连接		

2. 实施前排座椅的装配

按照制订的计划,参考作业指导书 4-6 实施前排座椅的装配并检查装配品质。

作业指导书 4-6

作业内容		左前座椅的装配		
序号	操作程序	品质基准	操作要点	安全注意事项	确认方法
1	将左前座椅投放在车厢内部	无掉落	将前排座椅定位在车身孔内,取件时不造成跌落或破损		目视
2	用螺栓(4颗)①~④将座椅固定在车上	力矩范围:41N·m	紧固螺栓A时要注意操作手法,确认螺栓是否安装到位,紧贴无松动		目视
3	连接相应的插接器	听到"咔咔"声	连接座椅线束连接器B,侧气囊连接器C,安全带锁扣开关连接器D		目视

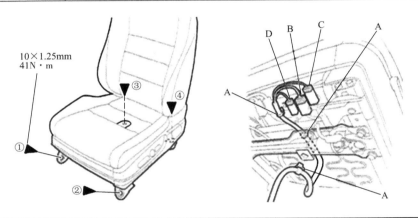

学习拓展

1. 汽车电动座椅的工作原理

接通开关后,电动机的动力通过齿轮驱动软轴转动,再驱动座椅调节器运动。当调节器到达行程终点时,软轴停止转动,如此时电动机仍在转动,其动力将被橡胶联轴器所吸收,用来防止座椅卡住时,电动机过载损坏。当控制开关断电后,复位弹簧能使电磁阀柱塞和爪形接头分离,使其回到原来位置。

2. 汽车电动座椅的工作过程控制

汽车电动座椅的工作过程控制如图 4-31 所示。

(1)座椅前端的上下调节。

驾驶员电动座椅调节开关向上拨动则该开关的8号端子与3号端子接通。电路中电流流向:蓄电池正极→(发动机罩下熔断丝/继电器盒)3-4号(60A)→驾驶员侧仪表板下熔断丝/继电器盒19号(20A)熔断丝→驾驶员电动座椅调节开关8端子→驾驶员电动座椅调节开关3端子→前部上下调节电动机2号端子→前部上下调节电动机1号端子→驾驶员电动座椅调节开关9号端子驾驶员电动座椅调节开关10号端子→搭铁(G701)

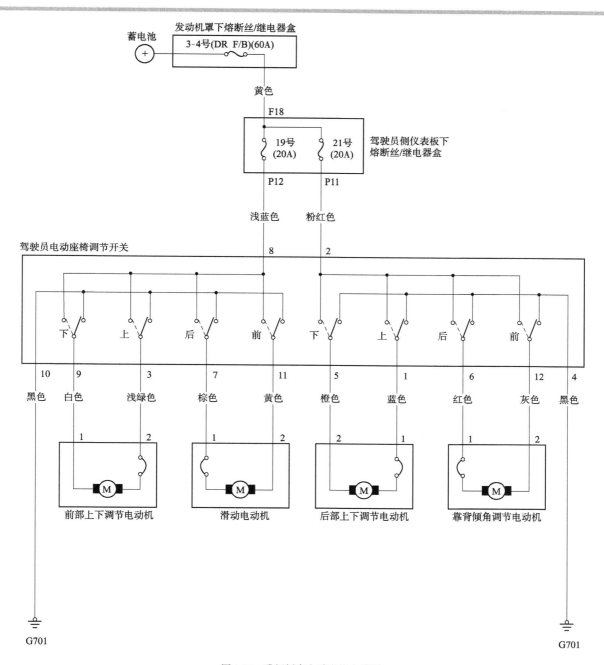

图 4-31 雅阁轿车电动座椅电路图

（2）座椅的前后移动。

驾驶员电动座椅调节开关向前拨动则该开关的 8 号端子与 7 号端子接通。电路中电流流向：蓄电池正极→（发动机罩下熔断丝/继电器盒）3-4 号（60A）→驾驶员侧仪表板下熔断丝/继电器盒 19 号（20A）熔断丝→驾驶员电动座椅调节开关 8 端子→驾驶员电动座椅调节开关 7 端子→前后滑动电动机 1 号端子→前后滑动电动机 2 号端子→驾驶员电动座椅调节开关 11 端子驾驶员电动座椅调节开关 10 号端子→搭铁（G701）

3. 制订后排座椅的装配计划

制订后排座椅的装配计划,填写表4-9。

前排安全带的装配计划　　　　　　　　　　　　　　　　　　　表4-9

工序	作业内容	品质基准	物料	工时(s)
1	后排座椅靠背的装配	准确定位		
2	左后座椅侧垫的装配	准确定位		
3	右后座椅侧垫的装配	准确定位		
4	后排座椅坐垫的装配	准确定位		

4. 实施后排座椅的装配

按照制订的计划,参考作业指导书4-7实施后排座椅的装配并检查装配品质。

作业指导书4-7

作业内容		左后座椅侧垫的装配			
序号	操作程序	品质基准	操作要点	安全注意事项	确认方法
1	投放左后座椅侧垫	准确定位	确保安全带置于侧垫前面		
2	拧紧座椅侧垫螺栓	拧紧力矩为9.8N·m			

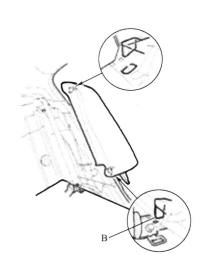

三、评价与反馈

（1）请对整车座椅的装配情况进行检查，填写表4-10。

整车座椅的装配品质检查   表4-10

序号	项目	整车座椅装配品质检查结果
1	是否有次品	
2	物料是否有破损	
3	仪表线路走向是否有错误	
4	各电气元件线路连接是否牢固	
5	胶钉是否有松动和脱落	
6	护套是否有压边紧贴车身	
7	是否将搭铁线固定螺栓紧固到规定力矩	
8	作业顺序是否正确	
9	作业工时是多少？（单位：s）	
10	品质保证（OK/NG）	
11	工具使用是否正确	
12	是否规范完成场地和设备的整理、清洁等日常维护工作	
13	小组是否分工合理，配合良好	

（2）现已完成汽车座椅的装配，并且已经对相关的电气元件进行电路的连接。在使用过程中发现乘客侧座椅无法前后移动，采用本田原厂诊断仪读取故障码显示"滑动电动机电源断路"，请根据电路图图4-32制订检测计划，并完成表4-11。

检测计划   表4-11

检测步骤	检测零件	检测内容	检测结果	确认签名
1	1号熔断丝	检测熔断丝是否断路		
2				
3				
4				
5				
6	滑动电动机	检测滑动电动机是否短路或断路		

（3）请描述你如何解决在本任务学习中遇到的某个或某些问题、困难，并说出从中取得的收获。

_____
_____
_____
_____

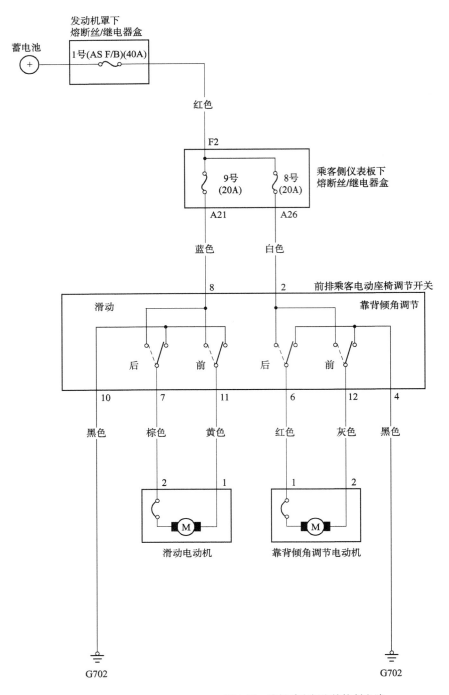

图 4-32　雅阁乘客侧座椅控制电路

项目 5　车身外围件装配

项目目标

1. 叙述照明系统各零部件的名称、作用和安装位置；
2. 叙述刮水清洗系统的组成、安装位置、工作原理；
3. 叙述保险杠实现防护功能的工作原理；
4. 制订工作计划，正确完成刮水器/清洗器、车外照明及前后保险杠部件的装配及检查；
5. 正确控制前照灯组合开关、刮水器/清洗器开关；
6. 查阅相关资料，识读刮水器/清洗器、前照灯电路图，在实车上检查相关电路电气元件和线路。

项目描述

照明系统、刮水清洗系统保证驾驶员遇到不良天气时具有良好视线，向其他车辆和行人传达信息，是汽车电器的重要组成部分。请按照技术文件要求规范进行整车刮水器/清洗器、车外照明及前后保险杠部件的装配，并控制整车前照灯组合开关、刮水器/清洗器开关进行调节检查装配品质。车身外围装配如图5-1所示。

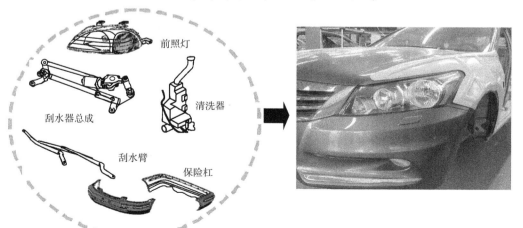

图 5-1　车身外围件装配

建议学时：24 学时。

任务1 刮水器/清洗器部件装配

> **任务目标**
> 1. 认识刮水器/清洗器的组成、安装位置及功能；
> 2. 在教师指导下,识读作业指导书,能按工艺要求使用工具正确装配刮水器及清洗器；
> 3. 控制刮水器/清洗器开关,识读刮水器开关控制电路图,检查刮水器及清洗器装配品质。
>
> **建议学时:8 学时。**
>
> **任务描述**
>   在老师的指导下,根据作业指导书,小组讨论制订刮水器及清洗器装配计划,通过小组合作正确完成刮水器及清洗器装配,控制刮水器/清洗器开关,识读刮水器开关控制电路图,检查刮水器及清洗器装配质量。

汽车上都安装有刮水器/清洗器以确保驾驶员在遇到不良天气时的行车安全,刮水器/清洗器装配如图 5-2 所示。刮水器有真空式、气动式和电动式。电动式刮水器动力大、容易控制,不受发动机工况影响,目前在汽车上广泛应用。

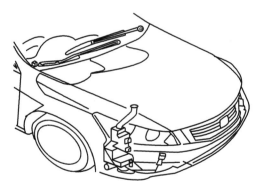

图 5-2　刮水器/清洗器装配

一、学习准备

1. 为了保证驾驶员在雨天、雪天和雾天有良好的视线,汽车上通过什么装置来除去风窗玻璃上的水、雪等? 该装置的安装在汽车上什么位置? 其工作原理是怎样的?

刮水器(也叫雨刮器)的作用是用来清除风窗玻璃上的雨水、雪或尘土,以保证驾驶员有良好的视野。刮水器有前风窗刮水器和后风窗刮水器之分。因驱动装置不同,刮水器有真空式、气动式和电动式三种,目前车辆上广泛使用的是电动式刮水器。

刮水器部件位置如图 5-3 所示。

项目 5　车身外围件装配

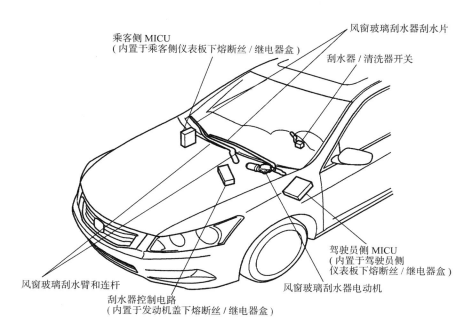

图 5-3　刮水器部件位置

刮水器总成一般由刮水片、刮水臂、四连杆机构、刮水器电动机、减速机构及刮水器控制电路,如图 5-4 所示为电动式刮水器组成。

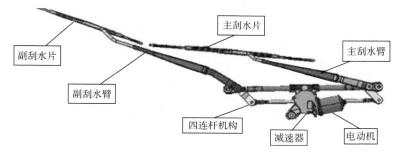

图 5-4　电动式刮水器组成

如图 5-5 所示为刮水器传动机构总成。刮水器的工作过程为刮水器电动机通电运转,再由蜗轮蜗杆减速机构减速输出低速转动,低速转动臂为曲柄摇杆机构(四杆机构)的曲柄,再通过连杆带动摇杆摆动,装在摇杆摆动中心的刮水臂也跟着往复摆动。即电动机的转动通过减速机构和曲柄连杆机构转变成刮水臂的摆动。

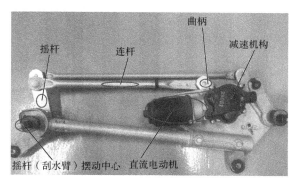

图 5-5　刮水器传动机构总成

155

刮水臂的结构如图 5-6 所示,一般刮水臂为两段,一段安装在四连杆机构的摇杆摆动中心位置,另一端用铰链链接,并用下拉弹簧拉紧,目的是压紧刮水片使其与风窗玻璃贴合。

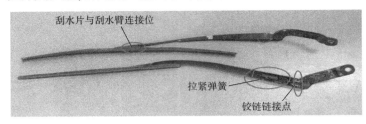

图 5-6　刮水臂

2. 刮水器能够清洁风窗玻璃上的水、雪、雾,但是当风窗玻璃上有很多灰尘杂质,直接开刮水器会导致什么后果?汽车上采用什么装置清除风窗玻璃上的灰尘杂质?

为了更好地清除附在风窗玻璃上的污物,在车辆上设置了风窗玻璃洗涤器,与刮水器配合工作,保证驾驶员有良好的视野。喷水过程中,刮水器电路具备间歇控制作用,即可达到先喷水后刮水的循环刮洗工序,以提高刮洗效果。

清洗器组成如图 5-7 所示。

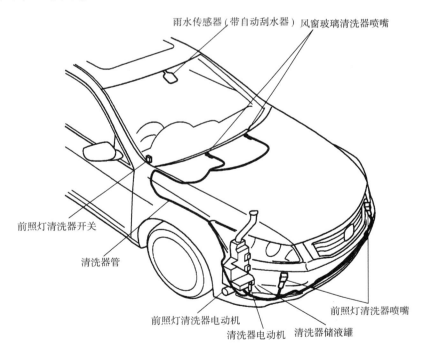

图 5-7　清洗器部件位置

风窗玻璃洗涤器总成由储液罐、微型永磁直流电动机、洗涤泵、软管、三通管接头、喷嘴及喷水开关组成。其中储液罐一般是 1.5~2L 的塑料罐,水泵是一种微型电动离心泵,安装在储液罐上,如图 5-8 所示,通过它将储液罐的洗涤水输向喷嘴,经 2~4 个喷水嘴的挤压作用将洗涤水分成细小的射流喷向风窗玻璃,配合刮水器起到清洁风窗玻璃的作用。

项目5 车身外围件装配

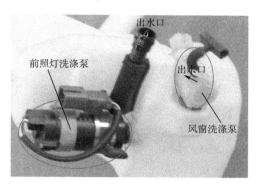

图5-8 储液罐及洗涤电动机

 小提示

汽车风窗玻璃刮水器储液罐里的水是什么水?怎么防冻?

玻璃水就是汽车风窗玻璃清洗液的俗称,属于汽车使用中的易耗品,优质的汽车风窗玻璃水主要由水、酒精、乙二醇、缓蚀剂及多种表面活性剂组成。

玻璃水的功能:清洗性能、防冻性能、防雾性能、抗静电性能、润滑性能、防腐蚀性能。

有些人在使用刮水器的时候发现没有玻璃水了,就会用一般性的水或者自己制作的水来代替玻璃水,这对于风窗玻璃的维护非常不利。首先是普通的水无法把前风窗玻璃清洗干净,刮水器越刮越脏;另外,假如自己用洗衣粉或洗洁净配制玻璃水,很容易产生沉淀,导致玻璃被刮伤。玻璃水增加了除虫胶成分,适合停放在室外的车辆使用,所以要维护自己的爱车,最好是用专用的玻璃水,而且按照季节的变化用不同的玻璃水。

二、计划与实施

 3.在汽车制造厂,现已完成了雅阁轿车整车主线束、发动机舱部件、仪表板总成等部件的装配,怎样规范完成刮水器/清洗器的装配?

1.装配刮水器

(1)制订刮水器的装配计划。

请制订刮水器装配计划,填写表5-1。

刮水器装配计划　　　　　　　　　表5-1

工序	作业内容	品质基准	物料	工时(s)
1	安装刮水器连杆总成	规格无误,安装螺栓孔位对准	刮水器连杆总成	
2	用4粒螺栓紧固	规定力矩9.8N·m,防止滑牙		
3	连接插头并固定线束胶钉1粒	无虚插,牢固连接		
4	安装发动机罩前罩板和密封件	紧贴车身	前罩板和密封件	
5	安装刮水器臂	规定力矩9.8N·m,防止滑牙		

157

（2）实施刮水器装配。

按照制订计划并参考作业指导书 5-1 和图 5-9、图 5-10，实施刮水器装配，检查装配品质。

作业指导书 5-1

序号	作业内容		安装刮水器连杆总成		
	操作程序	品质基准	操作要点	安全注意事项	确认方法
1	将刮水器连杆总成 C 安装到发动机舱内	无外伤，总成无掉落	与车身的孔位对齐，防止划花车身	防止划花车身	目视
2	紧固 4 颗螺栓	规定力矩 9.8N·m	用风扳将刮水器连杆总成 C 紧固，紧固螺栓时要注意风扳与车身垂直打入	防止滑牙	目视
3	将线束夹 A 和连接器 B 与刮水器连杆总成连接	牢固连接	线束夹 A 卡在刮水器电动机上，连接插头时要垂直，固定时要听到"咔嚓"声，然后反方向轻拉插头	防止虚插	目视
4	安装后检查确认		回拉插头确认是否插紧		目视

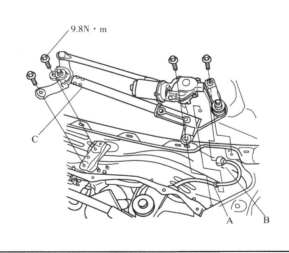

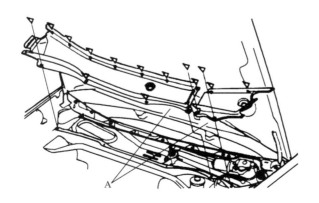

图 5-9　发动机罩前罩板和密封件安装

A-前罩板

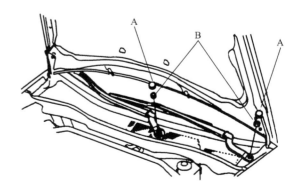

图 5-10　刮水器臂安装

A-盖；B-螺母

2. 装配清洗器

(1)制订清洗器的装配计划。

请制订清洗器装配计划,填写表5-2。

清洗器装配计划　　　　　　　　　　　　　　　　　　　表 5-2

工序	作业内容	品质基准	物料	工时(s)
1	清洗器储液罐安装	规格无误	清洗器	
2	用1颗胶钉将清洗器储液罐固定在发动机舱支架上	定位准确,胶钉型号无误		3.3
3	紧固3颗螺栓	规定力矩9.8N·m,防止滑牙		
4	连接清洗器储液罐水管	连接牢固,无损坏		
5	将水管卡入卡夹	卡位准确		1.8
6	连接2个喷水电动机插头	连接牢固,无松脱		

(2)实施清洗器装配。

按照制订计划并参考作业指导书5-2和作业指导书5-3,实施清洗器装配,检查装配品质。

作业指导书 5-2

作业内容		清洗器储液罐安装			
序号	操作程序	品质基准	操作要点	安全注意事项	确认方法
1	用1颗胶钉将清洗器储液罐固定在发动机舱支架上	定位准确,胶钉型号无误	胶钉A卡入车身孔,将储液罐三个孔位对准车身螺孔	小心车体划伤手部	目视
2	紧固3颗螺栓	规定力矩9.8N·m	用风扳将储液罐紧固	小心头部撞到发动机罩、滑牙	目视

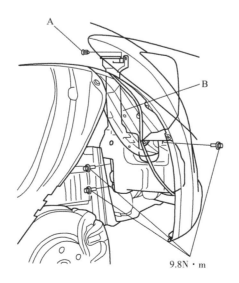

作业指导书 5-3

作业内容		清洗器管、插头与电机连接			
序号	操作程序	品质基准	操作要点	安全注意事项	确认方法
1	连接清洗器储液罐水管	连接牢固	将水管连接到清洗器储液罐上	防止水管破损	目视
2	将水管卡入卡夹	卡位准确	将水管卡入卡夹		目视
3	连接2个喷水电动机插头	完全插入、无虚插	连接插头时要垂直,固定时要听到"咔嚓"声,然后反方向轻拉插头,管C插到尽头	防止虚插	目视
4	安装后检查确认		回拉插头确认是否插紧	小心头部撞到发动机罩	目视

4. 雅阁轿车的整车主线束、发动机舱部件、仪表板总成、刮水器/清洗器等部件的装配完成后,怎样检查刮水器/清洗器的装配品质?

如图5-11所示为雅阁轿车刮水器控制开关,位于转向盘下方右侧的调节杆。

图5-11 刮水器控制开关

请将刮水器控制开关分别置于各挡位,观察各挡位刮水状态并填写到表5-3中。

刮水器开关控制功能　　　　表5-3

挡位	功　能	刮水片状态描述(是否动作及动作快慢)
MIST	快速刮水	
OFF	关闭	
INT	间歇刮水	转动调节环可以人工改变间歇时间。刮水器的间歇时间随车速而自动改变
LO		
HI		

 学习拓展

通过分析图5-12所示刮水器开关控制电路原理来解释为什么刮水器控制杆置于不同的挡位时刮水片会出现低速、高速、间歇动作。

1. 刮水器开关挡位导通情况的表达方式

一般刮水器开关的表达方式有图形法和表格法。

(1)图形法:如图5-13所示。

项目 5　车身外围件装配

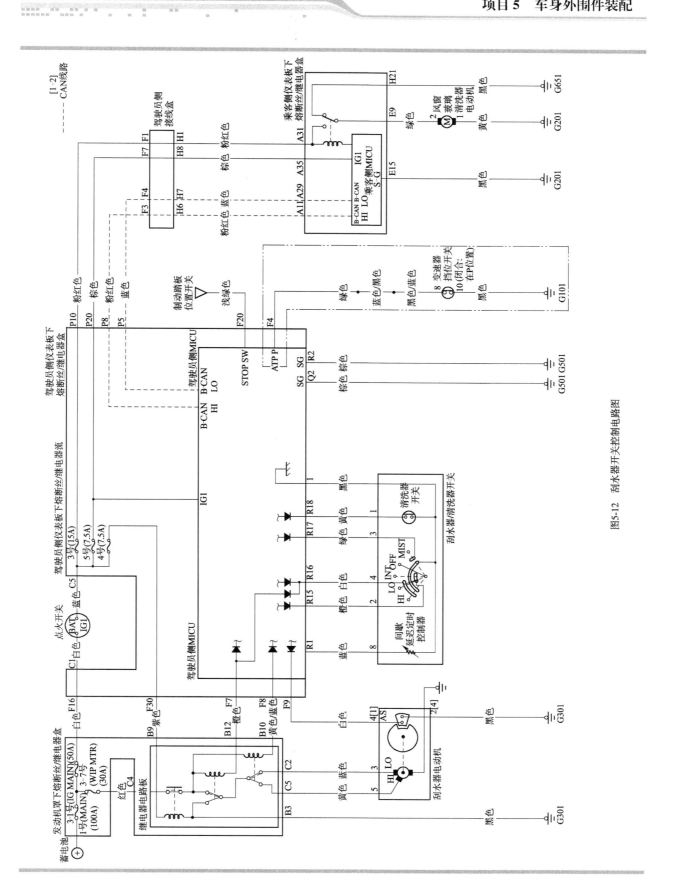

图5-12　刮水器开关控制电路图

(2)表格法:结合图5-13的开关导通状态补全图5-14的开关导通状态。

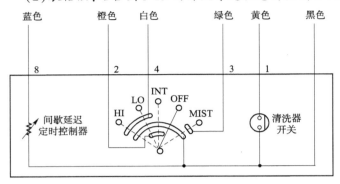

图5-13 刮水器开关(图形表达)

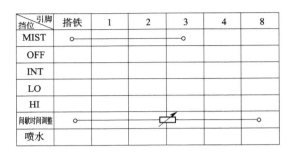

图5-14 刮水器开关(表格表达法)

2. 刮水器复位工作原理

如图5-15所示,刮水器电动机一般采用永磁式三刷双速直流电动机,分别为高、低速度端和公共端。电动机轴(蜗杆)经过蜗轮蜗杆传动减速增扭输出,蜗轮上附有与蜗轮同步转动的复位开关,复位开关的作用是确认刮水片落至风窗玻璃下方的位置时,复位开关端子4和端子2接通,给刮水器控制器一个搭铁信号,告知刮水片落至最低位,刮水器控制器断开刮水器继电器控制端,继电器断电,刮水器电动机断电停转,实现复位。

3. 刮水器间歇控制工作原理

如图5-16所示,刮水器间歇控制工作过程分析如下。

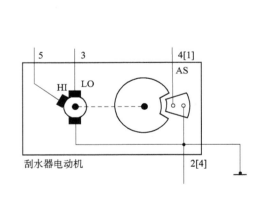

图5-15 刮水器电动机的复位工作原理

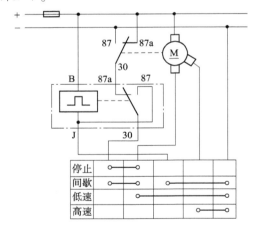

图5-16 刮水器间歇控制原理

当刮水器控制开关切入刮水器间歇工作挡时,刮水间歇控制继电器中的电子装置与电源负极之间形成回路开始工作。在其控制下,常开、常闭触点即间隔通断转换:在5~7s周期内常开触点闭合、常闭触点分开仅一次,且时间很短,大部分时间为常态。

在刮水间歇控制继电器的常开触点闭合、常闭触点分开时,刮水器的低速工作回路形成,刮水器开始工作,其电流途径为:电源正极→电动机低速线圈→刮水器控制开关低速接线柱、复位接线柱→刮水间歇控制继电器活动触点臂30接线端、常开触点87接线端、J间隙控制接线端→刮水器控制开关间歇控制接线柱→电源负极。

在刮水间歇控制继电器的触点转换后,只要刮水器尚未到达复位位置,在复位机构的控制下刮水器继续工作,其电流途径转为:电源正极→电动机低速线圈→刮水器控制开关低速接线柱、复位接线柱→刮水间歇控制继电器活动触点臂30、常闭触点87a→刮水器复位机构活动触点臂30、常开触点87→电源负极。刮水器到达复位位置后,电路中断,刮水器完成刮水后停止运行,等待刮水间歇控制继电器的下一次控制指令。如此循环,刮水器保持运行在间歇控制状态。

要结束刮水器间歇运行,只要将刮水器控制开关转入停止挡。此时,如刮水器未到达复位位置,在刮水器复位机构的控制下,刮水器将继续运行,直至复位。在刮水器复位状态下,刮水器电动机的低速线圈经刮水器控制开关复位触点、刮水间歇控制继电器常闭触点、刮水器复位机构常闭触点后处于两端等电位状态,刮水器电动机不再运转。

4. 识读刮水器开关控制电路图

当刮水器开关置于 LO 挡时,其电路工作的电流流向如图中红色线所描绘,如图 5-17 所示。

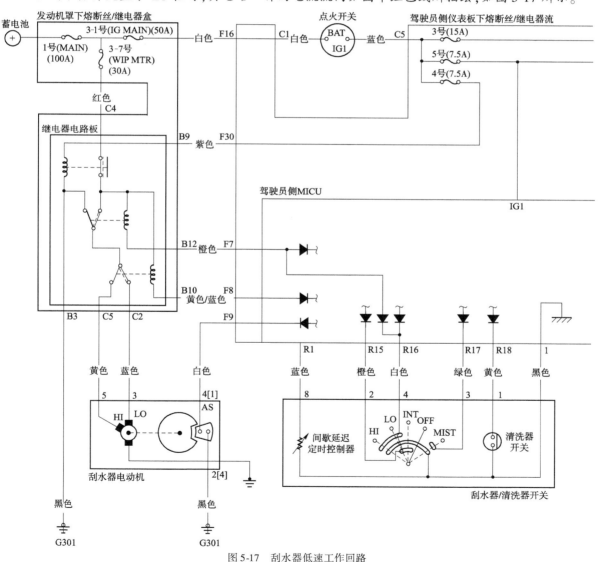

图 5-17 刮水器低速工作回路

三、评价反馈

(1) 请对刮水器/清洗器的装配情况进行检查,并填写表5-4。

刮水器/清洗器装配品质检查　　　　　　　　　　　表5-4

序号	项　　目	刮水器/清洗器部件装配品质检查结果
1	是否有次品	
2	物料是否有损伤	
3	线束胶钉是否卡到位	
4	刮水器是否固定稳定	
5	刮水器连接器是否牢固连接	
6	清洗器是否固定稳定	
7	清洗器连接器是否牢固连接	
8	螺纹是否有滑牙	
9	是否将各螺栓紧固到规定力矩	
10	作业顺序是否正确	
11	作业工时是多少(单位:s)	
12	品质保证(OK/NG)	
13	工具使用是否正确	
14	是否规范完成场地和设备的整理、清洁等日常维护工作	
15	小组是否分工合理,配合良好	

(2) 结合学习拓展知识,分别采用不同颜色的彩笔在图 5-17 电路图中描绘出 HI、INT 挡位的电流流向。

(3) 请描述你如何解决在本任务学习中遇到的某个或某些问题、困难,并写出从中取得的收获。

_____
_____
_____
_____

项目 5　车身外围件装配

任务 2　车外照明及保险杠部件装配

> ⇨ **任务目标**
>
> 1. 叙述车外照明灯、保险杠部件的安装位置及功能；
> 2. 在教师指导下，识读作业指导书，按工艺要求使用工具正确装配车外照明灯、保险杠部件；
> 3. 控制车外照明灯组合开关，识读前照灯电路图，检测车外照明灯装配质量。
>
> **建议学时：12 学时。**
>
> ⇨ **任务描述**
>
> 在老师的指导下，根据作业指导书，制订车外照明灯、保险杠部件装配计划，通过小组合作正确完成车外照明灯、保险杠部件的装配，控制车外照明灯组合开关，检测车外照明灯装配质量。

汽车照明系统为车前及车内提供充分可靠的照明，并通过不同色泽的发光标志显示汽车工作状况，从而向其他车辆、行人传达信息。汽车照明系统按照安装位置可分为外部灯具和内部灯具。车外照明及保险杠部件如图 5-18 所示。

图 5-18　车外照明及保险杠部件

一、学习准备

 1. 为汽车车外提供照明的灯具有哪些？各部件分别安装在汽车上什么位置、具有哪些功能？

汽车外部灯具主要有前照灯、雾灯、尾灯、牌照灯等，安装位置如图 5-19 和图 5-20 所示。

1. 前照灯

前照灯也称大灯，主要用于夜间行车时道路照明，灯光为白色。如图 5-21 所示，前照灯包括远光灯和近光灯。远光灯功率一般为 50~60W,能使前照灯灯光射向远方,便于提高车速;近光灯功率一般为 30~55W,能使光束倾向路面,从而避免迎面来车的驾驶员炫目,并保证车前 50m 内的路面照明,一般在会车时和市区内使用。

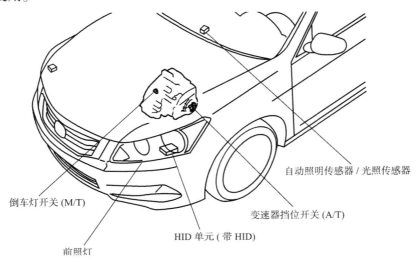

图 5-19　车外照明前部灯具安装位置

图 5-20　车外照明后部灯具安装位置

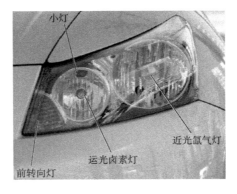

图 5-21　前照灯

学习拓展　　现代汽车常用前照灯的灯泡

现代汽车常用前照灯的灯泡有白炽灯灯泡、卤素灯灯泡、氙气灯灯泡三种。

1. 白炽灯灯泡(图5-22)

灯丝由钨丝制成,制造时,先从玻璃泡抽出空气,再充入以氩和氮的混合惰性气体,以减少钨丝的蒸发,提高灯丝的温度,增强发光效率,从而延长灯泡的使用寿命。

2. 卤素灯灯泡(图5-23)

在灯泡内充入卤族元素,利用卤钨再生循环反应的原理,从而防止了钨丝的蒸发和灯泡的黑化现象。

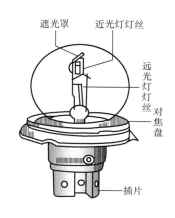

图5-22　白炽灯灯泡结构图

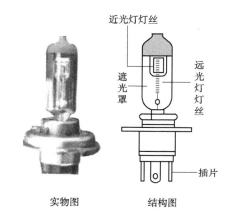

图5-23　卤素灯灯泡结构图

3. 氙气灯灯泡(图5-24)

图5-19中的"HID"指氙气灯,氙气灯也称高亮度弧光灯(HID灯),这种灯没有传统的灯丝,取而代之的是装在石英管内的两个电极,管内充有氙气及微量金属,弧光灯由弧光灯组件、电子控制器和升压器三部分组成,其光色成分和日光灯相似,亮度是目前卤素灯泡的3倍左右,寿命可达卤素灯泡的5倍。

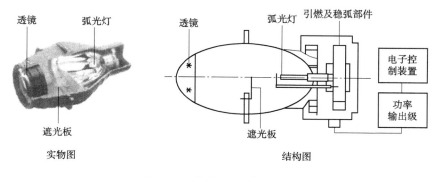

图5-24　氙气灯灯泡工作原理图

2. 雾灯

雾灯有前雾灯和后雾灯两种,安装于汽车的前部和后部,用于在雨雾天气行车时的道路照明。如

图 5-25 所示,前雾灯一般位于汽车前保险杠下部,其灯光为黄色,功率为 45W。因为雾天能见度低,驾驶员视线受到限制,而黄色防雾灯的光穿透力强,可帮助驾驶员与周围交通参与者看清楚目标,使来车和行人在较远处发现对方。后雾灯一般安装在汽车尾部,以便于在雾、雪、雨或尘埃弥漫等能见度较低的环境中,使车辆后方其他道路交通参与者易于发现,其灯光为红色,发光强度比尾灯强,功率为 6W 或 21W。

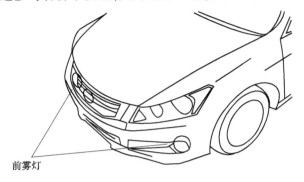

图 5-25　前雾灯安装位置图

3. 转向灯

转向灯主要装于汽车头部、尾部以及汽车前部左右翼子板侧,一般发出明、暗交替的闪光信号,用来指示车辆行驶趋向,在危险情况下,可通过按下危险报警闪光灯开关使所有转向灯同时闪烁。转向灯灯光为黄色,功率为 20W 以上。

4. 倒车灯

倒车灯安装在汽车尾部,倒车灯由装在变速器上的倒挡开关控制,当驾驶员操纵变速杆挂入倒车挡时,倒挡开关接通,此时位于汽车尾部的倒车灯会亮起来,其作用是照亮车辆后方道路和警告其他道路使用者,车辆正在或即将倒车。倒车灯灯光为白色,功率为 20W。

5. 制动灯

制动灯又称刹车灯,安装在汽车尾部,有些车还带有高位制动灯。制动灯由装在制动踏板上的制动开关控制,当驾驶员踩下制动踏板的时候,制动开关接通,此时位于汽车尾部的制动灯就会亮起来,其作用是通知后面的车辆本车正在制动,以避免后面车辆与其后部碰撞。制动灯灯光为红色,功率为 20W 以上。

 2.为汽车车内提供照明的灯具有哪些?各零部件分别安装在汽车上什么位置,具有哪些功能?

汽车内部灯具包括阅读灯、车顶灯、行李舱灯、化妆灯等,如图 5-26 所示。

1. 阅读灯

阅读灯又称地图灯,安装于乘员席前部或顶部,聚光时让乘员看书不会给驾驶员造成炫目,照明范围小,其灯泡功率约为 5~8W,无论点火开关在哪一个挡位,只要按下阅读灯开关,灯就会亮起来,具体如图 5-27 所示。

项目 5　车身外围件装配

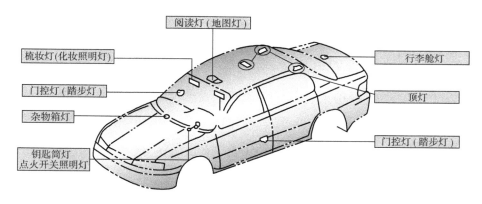

图 5-26　内部灯具图

2. 车顶灯

车顶灯又称室内灯,安装在车顶的中央,其开关通常有三个位置,"OFF"时灯熄灭,"ON"时灯一直亮着,"DOOR"时在车门打开时灯才亮,车门关闭后熄灭,灯光为白色,灯泡功率为 5~15W,具体如图 5-28 所示。

雅阁轿车当车灯开关处于"DOOR"时,若后行李舱盖打开,车顶灯会亮起来。

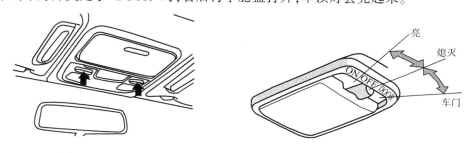

图 5-27　阅读灯图　　　　　　　图 5-28　车顶灯图

3. 门控灯

门控灯装于车门内侧底部,门控灯由装在车门上的车门开关控制,当人们打开车门时,车门开关接通,此时位于车门上的门控灯就会亮起来,其作用是用来告示后方行人、车辆注意避让。门控灯灯光多为黄色,功率为 5W,具体如图 5-29 所示。

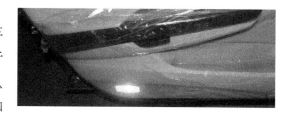

图 5-29　门控灯图

　3. 汽车保险杠作为一种重要的安全装置,安装在车上什么位置,具有哪些功能?

汽车保险杠与加强横梁作为吸收缓和外界冲击力的车身构件,在低速碰撞事故中,对于保护车身以及车身附件可以起到一定作用。目前常见的轿车前后保险杠一般都是由塑料保险杠壳体、加强横梁和左右两个吸能支架以及其他安装用部件组成,如图 5-30 所示。塑料保险杠壳体便是我们能从外观上看到的保险杠。近年来,由于造型设计的发展以及保护行人的需要,大多数轿车的前保险杠都采用保险杠与水箱格栅一体式设计。

前保险杠加强横梁可以将任何形式的偏置和正面碰撞产生的能量尽可能均匀地分布到两个吸能元

169

件上,使能量最大限度均匀地被吸能支架所吸收,并将碰撞力均匀地传递到两个纵梁。当汽车与其他车辆或障碍物发生低速碰撞,如较为常见的停车场碰撞、市区路况频繁发生的低速追尾等时,前保险杠加强横梁对保护翼子板、散热器、发动机罩和灯具等部件起着一定作用。后保险杠加强横梁则可以减少行李舱,尾门,后灯组等部位的损害。一般来说,发动机舱作为溃缩区域被分为三级变形区,其中第一级变形区位于发动机舱前部,用于保护行人和降低低速碰撞对于车辆的破坏。第二级变形区位于发动机舱中部,即相容区,当两车相撞时,通过这部分变形区的溃缩最大化吸收和分散能量。第三级变形区则靠近发动机舱后部,位于乘员舱之前,用于最大限度地保持乘员舱完整性,也被称为自身保护区。很显然,前保险杠的位置处于第一变形区,保护行人和降低低速碰撞对于车辆的破坏是其主要作用。

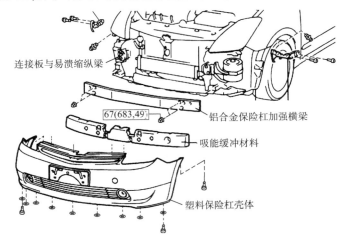

图 5-30　前保险杠结构图

学习拓展

通常在汽车后保险杠安装有倒车雷达。

倒车雷达全称叫"倒车防撞雷达",也叫"泊车辅助装置",是汽车泊车或者倒车时的安全辅助装置,由超声波传感器(俗称探头)、控制器和显示器(或蜂鸣器)等部分组成,如图5-31所示,能以声音或者更为直观地显示告知驾驶员周围障碍物的情况,解除了驾驶员泊车、倒车和起动车辆时前后左右探视所引起的困扰,并帮助驾驶员扫除了视野死角和视线模糊的缺陷,提高驾驶的安全性。

图 5-31　倒车雷达传感器

二、计划与实施

 4.在汽车制造厂,现已完成雅阁轿车整车主线束、发动机舱部件、仪表板总成、刮水器/清洗器等部件的装配,怎样完成车外照明部件的装配?

1. 前照灯装配

(1)制订前照灯装配计划,填写表5-5。

前照灯装配计划　　　　　　　　　　　　　　　　　　　　　　　　　　表5-5

工序	作业内容	品质基准	物料	工时(s)
1	固定线束胶钉	无松脱	胶钉	
2	连接左前照灯插头(氙气灯5个、卤素灯4个)	无虚插,锁爪卡到位	左前照灯	
3	把左前照灯安装到车身	完全插入,无外伤		
4	紧固左侧前照灯顶部螺栓1颗(白色)	无松动,无间隙不良		
5	紧固左侧前照灯顶前部、左侧各1颗螺栓	无松动,无间隙不良		
6	左前照灯与翼子板间隙确认	无松动,无间隙不良		
7	左前照灯支架螺栓确认	无松动,无间隙不良		
8	固定1颗右大灯线束胶钉	无脱落		
9	连接右前照灯插头(卤素灯4个、氙气灯5个)	无虚插,锁爪卡到位	右前照灯	
10	把右前照灯安装到车身	完全插入,无外伤		
11	紧固右侧前照灯顶部螺栓1颗(白色)	无松动,无间隙不良		
12	紧固右侧前照灯顶前部、右侧各1颗螺栓(黑色)	无松动,无间隙不良		
13	右前照灯与翼子板间隙确认	无松动,无间隙不良		
14	右前照灯支架螺栓确认	无松动,无间隙不良		

(2)实施前照灯装配。按照计划并参考作业指导书5-1和作业指导书5-2实施前照灯装配,检查装配品质。

作业指导书5-1

作业内容		左前照灯(氙气灯)插头连接			
序号	操作程序	品质基准	操作要点	安全注意事项	确认方法
1	按压左前照灯线束胶钉一颗	卡爪锁到位	听到"咔嗒"响声,垂直回拉确认,线束走向如图箭头方向	小心头部撞到发动机罩,防止松脱	目视
2	连接左前照灯远光灯2针插头一个	锁爪卡到位	听到"咔嗒"响声,垂直回拉确认,线束走向不能交叉	防止虚插	目视
3	连接左前照灯调节单元3针插头一个	锁爪卡到位	听到"咔嗒"响声,垂直回拉确认,线束走向不能交叉	防止虚插	目视

续上表

序号	作业内容		左前照灯(氙气灯)插头连接			
	操作程序	品质基准	操作要点	安全注意事项	确认方法
4	连接左前照灯氙气单元2针插头一个	锁爪卡到位	听到"咔嗒"响声,垂直回拉确认,线束走向不能交叉	防止虚插	目视
5	连接左前照灯前定位器2针插头一个	锁爪卡到位	听到"咔嗒"响声,垂直回拉确认,线束走向不能交叉	防止虚插	目视
6	连接左前照灯转向灯2针插头一个	锁爪卡到位	听到"咔嗒"响声,垂直回拉确认,线束走向不能交叉	防止虚插	目视

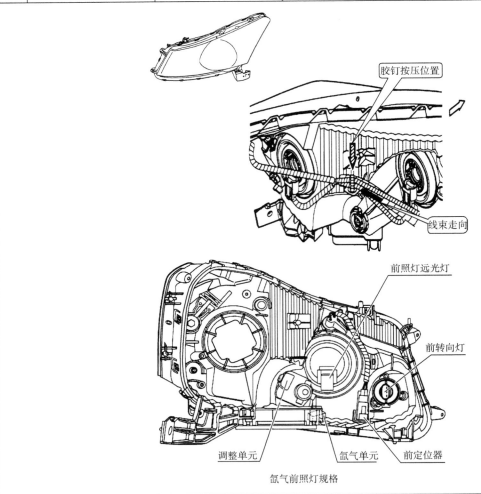

氙气前照灯规格

 小提示

由于配置氙气灯的车型有高压,贸然接触会有生命危险,因此在装配前,必须断开电源。不要直接用手接触前照灯灯泡,否则会引起少量杂质自燃从而减少灯泡使用寿命。必要时,只能佩带清洁的手套或用一块干净的布握住前照灯灯泡。

项目 5　车身外围件装配

作业指导书 5-2

作业内容		左前照灯安装			
序号	操作程序	品质基准	操作要点	安全注意事项	确认方法
1	前照灯安装到车身上,定位销插入车身定位孔内	完全插入、无外伤	把前照灯3处定位销完全插入定位孔内	小心头部撞到发动机罩,注意外伤	目视
2	螺栓①、②紧固前照灯	参考力矩 $3\sim6N\cdot m$,前照灯与翼子板间隙为:$1.0\pm0.5mm$,段差为:$0\sim0.9\pm0.5mm$	紧固顺序为(A)→(B)→(C);确保紧固后无松动、松弛;紧固(A)时定位销要插入定位孔再紧固螺栓,紧固(B)时前照灯支架卡位要卡进孔内再紧固螺栓;装第一颗螺栓时,用向上向后的力(如图E)紧固后才放手,保证如图E圈住部位处间隙(尽可能小);装配第二颗螺栓时,保证图F圈住处的间隙($0.5\sim1.0mm$);装第三颗螺栓时,主要保证图G圈住角位处的间隙,(A)点出现滑牙时不能攻牙,必须更换垫片	注意松动、间隙不良、段差、漏水等	目视、手感

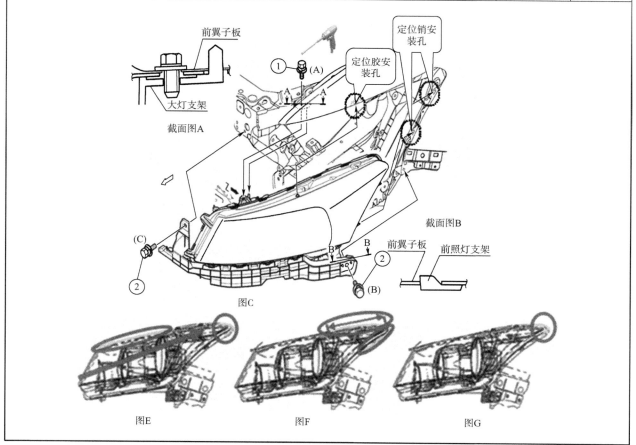

图C　图E　图F　图G

小提示

段差指高低平面的差异,此处指左前照灯侧面与翼子板之间高低平面的差异。

2. 尾灯装配

(1) 制订尾灯装配计划,填写表 5-6。

尾灯装配计划　　　　　　　　　　　　　　　　　　　表 5-6

工序	作业内容	品质基准	物料	工时(s)
1	右后尾灯安装	无外伤,完全插入		
2	用 4 粒螺母预紧	无滑牙,预拧 5 牙以上		
3	连接 3 个插头	无虚插		
4	安装左后尾灯	无外伤,完全插入		
5	用 4 粒螺母预紧	无滑牙,预拧 5 牙以上		
6	连接 3 个插头	无虚插		

(2) 实施尾灯装配。按照计划并参考作业指导书 5-3 和作业指导书 5-4 实施左、右后尾灯装配,检查装配质量。

作业指导书 5-3

序号	作业内容	右后尾灯安装			
	操作程序	品质基准	操作要点	安全注意事项	确认方法
1	将尾灯与车身对位,尾灯上的定位销插入定位胶钉上,用螺母预紧在尾灯上的螺柱	无滑牙,预拧 5 牙以上	将尾灯上定位销装入车身定位胶钉内,确保定位销卡入,每个螺母至少预紧 5 牙以上	防止螺纹破损、滑牙	目视
2	将行李舱线束尾灯部分插头插入尾灯上的灯座内	插头无虚插	连接时确认听到"咔嚓"响声	防止插头虚插	手感
3	安装后确认		回拉插头确认是否插紧		手感

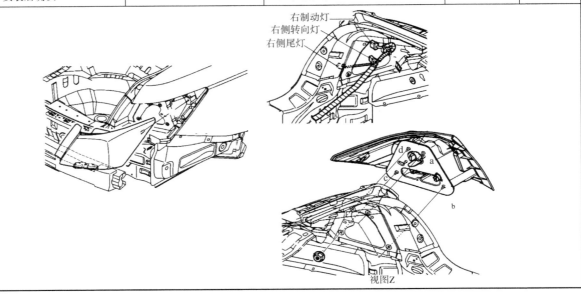

视图Z

作业指导书5-4

序号	作业内容		紧固右后尾灯			
	操作程序	品质基准	操作要点	安全注意事项	确认方法
1	用4颗螺母①紧固左后尾灯	参考力矩2～4N·m	用一只手支撑尾灯，另一只手用风扳按a、b、c、d的顺序进行紧固，确保紧固后无松动以及间隙	防止螺纹滑牙	手感
2	安装后确认		目视确认尾灯安装状态，紧固后确认无松动以及间隙		目视

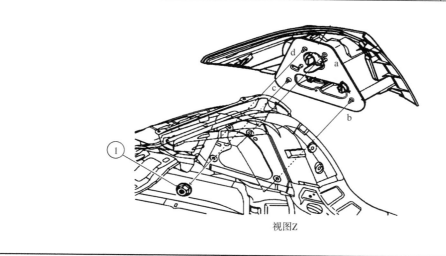

视图Z

 5. 在汽车制造厂，现已完成雅阁轿车整车主线束、发动机舱部件、仪表板总成、刮水器/清洗器、车外照明等部件的装配，如何完成前后保险杠的装配？

1. 前保险杠装配

（1）制订前保险杠装配计划，填写表5-7。

前保险杠装配计划　　　　　　　　　　　　　　　　　　　表5-7

工序	作业内容	品质基准	物料	工时(s)
1	取前保险杠，前保险杠左侧安装	无外伤、破损		
2	连接左前雾灯插头	无虚插		
3	对准左侧卡位并拍入	对位准确、完全卡入		
4	前保险杠右侧安装	无外伤、破损		
5	连接右前雾灯插头	无虚插		
6	对准右侧卡位并拍入	对位准确、完全卡入		

（2）实施前保险杠装配。按照计划并参考作业指导书5-5实施前保险杠装配，检查装配品质。

作业指导书 5-5

作业内容		前保险杆安装（左侧）			
序号	操作程序	品质基准	操作要点	安全注意事项	确认方法
1	安装前保险杠，连接左前雾灯插头	无虚插	听到"咔"声回拉插头确认	避免车身刮伤手部、漏插、虚插	目视，手感
2	把前保险杠中间卡口卡到锁板饰盖上，将左前杠定位A孔插入车身定位销内（如视图X所示）	无虚插	确保A处与前照灯卡位牢固配合	避免定位不良	目视
3	左前保险杠C位置卡入前保险杠支承	对位准确	确保B/C处卡位安装到位	防止前保险杠与前照灯间隙不良	目视
4	B/D位置拍进车身前照灯支架内	对位准确	注意操作时不要穿戴饰物或金属硬物	防止前保险杠或车身刮花、杠角位刮花	目视

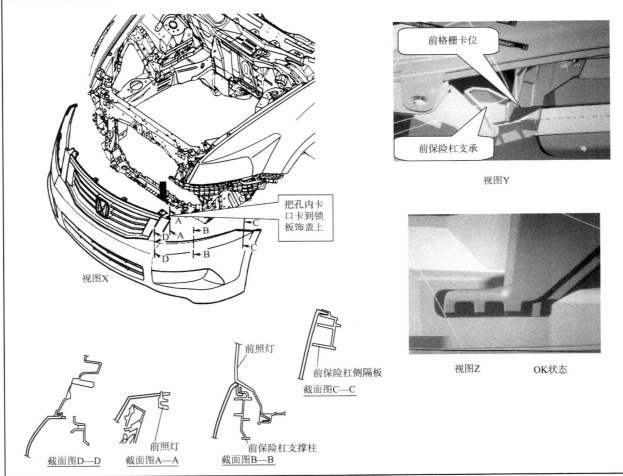

2. 后保险杠装配

参考前保险杠装配及作业指导书 5-6 和作业指导书 5-7 制订后保险杠装配计划并正确装配后保险杠，填写表 5-8。

项目5 车身外围件装配

后保险杠装配计划　　　　　　　　　　　　　　　　　　　　　　　　表5-8

工序	作业内容	品质基准	物料	工时(s)
1	后保险杠左侧安装	无外伤、破损		
2	对准左侧卡位并拍入	对位准确、完全卡入		
3	取后保险杠,后保险杠右侧安装	对位准确、完全卡入		
4	对准右侧卡位并拍入	对位准确、完全卡入		
5	用2颗螺栓紧固后保险杠中部	参考力矩3~6N·m,紧固无滑牙		
6	安装2个后保险杠螺栓孔盖帽			

作业指导书5-6

	作业内容	后保险杠安装(左)			
序号	操作程序	品质基准	操作要点	安全注意事项	确认方法
1	取出后保险杠	无外伤、破损	目视检查外观	避免外伤	目视
2	将左后保险杠A处卡入尾灯支架	对位准确、完全卡入	确保A处与后尾灯卡位牢固配合,并确保其装入后尾灯支架下部的结合部分,确保C处卡位安装到位	避免对位不准,未卡入灯角破损	目视
3	倒车雷达线束放入后横梁内	正确走向	放置好后检查	防止线束走向错	目视
4	B/C位置拍入后保险杠支架内		确保B/C处卡位安装到位	避免返弹、外伤	目视

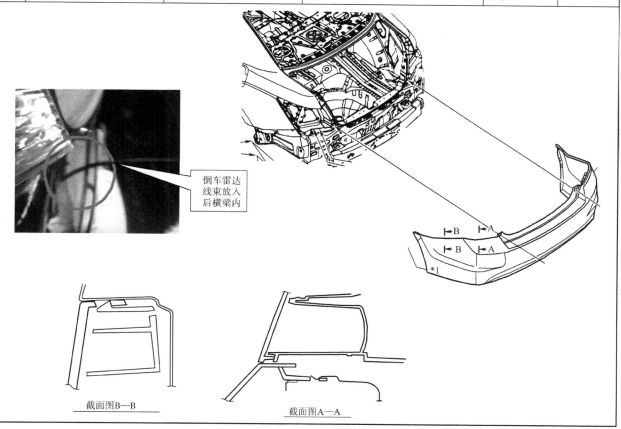

倒车雷达线束放入后横梁内

截面图B—B　　　　截面图A—A

作业指导书 5-7

作业内容		后保险杠螺栓紧固		
序号	操作程序	品质基准	操作要点	安全注意事项	确认方法
1	紧固后保险杠中部螺栓	参考力矩 3~6N·m,紧固无滑牙	垂直装配孔直接紧固	注意避免车身刮伤手部,避免滑牙、漏装	目视

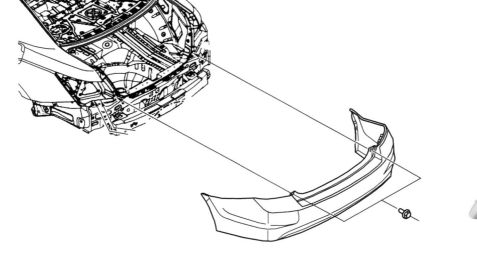

 6. 雅阁轿车的整车主线束、发动机舱部件、仪表板总成、刮水器/清洗器、车外照明及前后保险杠等部件装配完成后,如何检查车外照明灯的装配质量?

照明系统装配完后,可以操作灯光开关对照明系统进行调节控制。

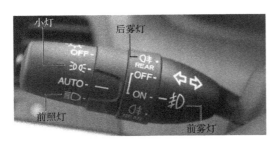

图 5-32 雅阁组合开关

灯光开关的形式有拉钮式、旋转式和组合式等多种。目前汽车上使用较多的是组合式开关,它将前照灯、尾灯、转向灯、雾灯、变光等开关制成一体。如图 5-32 所示为雅阁轿车组合开关,位于转向盘左下方。该组合开关多为旋转式开关,转动开关端部,共有 4 个挡位(OFF、∋○∈、AUTO、∋○)选择,可接通尾灯、小灯和前照灯;右侧为雾灯开关,可选择点亮前、后雾灯。

将组合开关分别置于各挡位,观察各挡位灯光状态并记录到表 5-9 中。

 小提示

变光控制开关可以根据汽车行驶的需要切换近光和远光,共有"远光"、"近光"、"超车"3 个挡位。目前汽车采用较多的是组合开关。

组合开关功能 表5-9

挡位(动作)	功能	灯光状态描述(哪些灯亮及灯光颜色)
OFF	灯光关闭	照明电路不导通,无灯亮
≡OO≡		
AUTO		
≡O		
在 ≡O 挡位时,将开关向下压	变光	由近光变为远光
在 ≡O 挡位时,将开关向上扳		
向前扳动开关		右转向灯点亮
向后扳动开关		
把中间标有雾灯信号的按钮旋转到ON位置	开启前雾灯	
接着把按钮向下旋转到后雾灯的位置		
	雾灯关闭	

学习拓展

通过分析图5-33所示的前照灯控制电路图,解释转动组合开关端部时前照灯灯光为什么会出现各种变化。

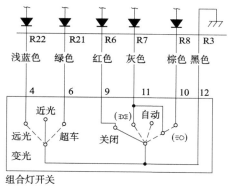

图5-33 组合开关前照灯控制电路

(1)分析图5-33组合开关前照灯控制电路图,将组合开关内部端子导通情况填写到表5-10。

组合开关内部端子导通情况 表5-10

挡位		引脚	12(搭铁)	4	6	9	10	11
灯控制开关	OFF(关闭)		○			○		
	≡OO≡							
	AUTO(自动)							
	≡O							
变光控制开关	远光							
	超车							

(2)分析图5-34前照灯电路图,分别采用不同颜色的笔在该电路图中描绘出不同挡位,如≡OO≡、AUTO(自动)、≡O、远光、超车时电流的流向。

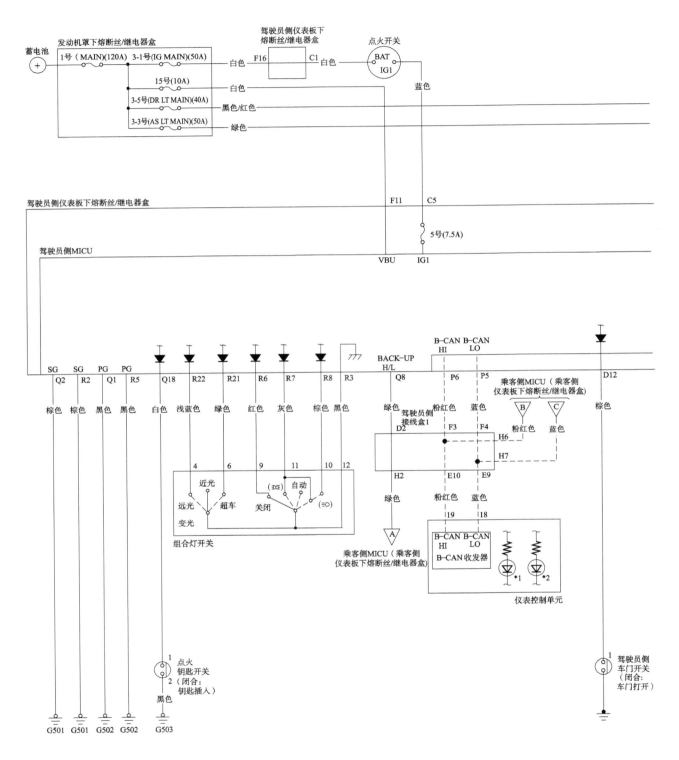

图 5-34

项目5 车身外围件装配

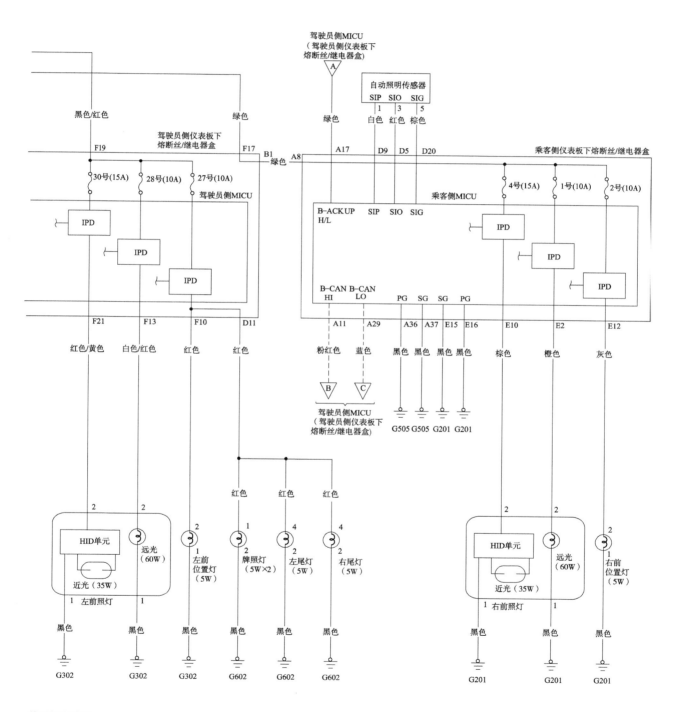

前照灯电路图

7. 雅阁轿车的整车主线束、发动机舱部件、仪表板总成、刮水器/清洗器、车外照明、前后保险杠等部件的装配完成后，如何控制对前照灯的清洗？

如图 5-35 所示，在将前保险杠安装到车身上时，要注意牢固连接雾灯插头 A 和前照灯清洗器管 B。可通过开关对前照灯进行清洗控制。如图 5-36 所示，前照灯清洗按钮位于转向盘左下方，要使前照灯清洗装置工作，除了按下清洗按钮外，还必须打开前照灯。

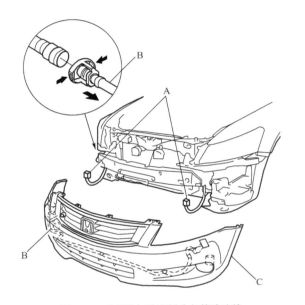

图 5-35　前保险杠装配插头与管路连接

A-雾灯插头；B-前照灯清洗器管；C-前保险杠

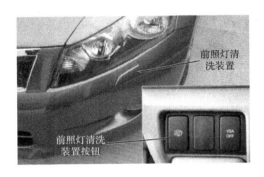

图 5-36　前照灯清洗按钮

三、评价反馈

（1）请对车外照明及保险杠部件的装配情况进行检查，填写表 5-11。

车外照明及保险杠部件装配质量检查　　　　　表 5-11

序号	项　目	车外照明及保险杠部件装配质量检查结果
1	是否有次品	
2	物料是否有损伤	
3	线束胶钉是否卡到位	
4	前照灯定位销完全插入车身定位孔内	
5	前照灯与翼子板间隙是否正确	
6	尾灯定位销完全插入车身定位胶钉内	

续上表

序号	项 目	车外照明及保险杠部件装配质量检查结果
7	前照灯是否紧固后有松动	
8	尾灯是否紧固后后确认无松动以及间隙	
9	保险杠是否对位准确、完全卡入	
10	前照灯清洗器管路连接是否正确	
11	前保险杠与前照灯是否卡位牢固配合	
12	后保险杠与后部车灯是否卡位牢固配合	
13	各灯连接器是否有虚插、牢固连接	
14	螺纹是否有滑牙	
15	是否将各螺栓紧固到规定力矩	
16	作业顺序是否正确	
17	作业工时是多少(单位:s)	
18	品质保证(OK/NG)	
19	工具使用是否正确	
20	是否规范完成场地和设备的整理、清洁等日常维护工作	
21	小组是否分工合理,配合良好	

(2)识读如图5-37所示前照灯清洗电路图,说明前照灯清洗电路工作原理。

(3)请描述你如何解决在本任务学习中遇到的某个或某些问题、困难,并说出从中取得的收获。

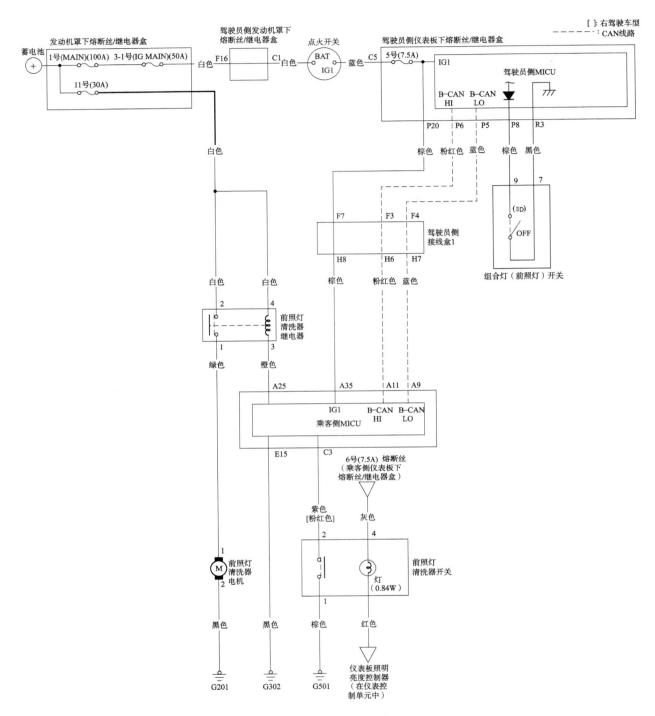

图 5-37 前照灯清洗电路图

附 录

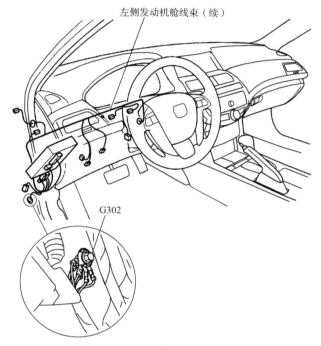

附图1 仪表板线束和搭铁位置一

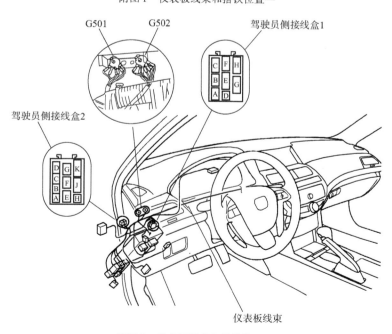

附图2 仪表板线束和搭铁位置二

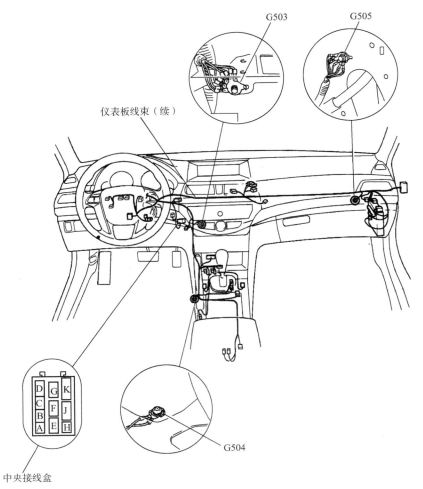

附图3　仪表板线束和搭铁位置三

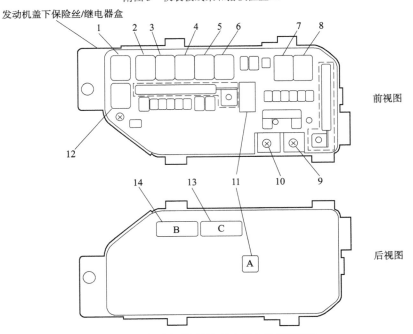

附图4　发动机罩下熔断丝/继电器盒连接器索引

插　　　座	图中序号	端子	连接至	备注
A（电气负载检测器）	11	3	左发动机舱线束	
空调压缩机离合器继电器	12	4		
B	14	14	左发动机舱线束	
鼓风机电动机继电器	1	4		
C	13	5	左发动机舱线束	
电子节气门控制系统（ETCS）控制继电器	6	4		
喇叭继电器	2	4		
点火线圈继电器	5	4		
PGM-FI 主继电器 1（FI MAIN）	3	4		
PGM-FI 辅助继电器	4	4		
散热器风扇继电器	7	4		
后窗除雾器继电器	8	4		
T101	9	—	起动机分线束	
T102	10	—	起动机分线束	

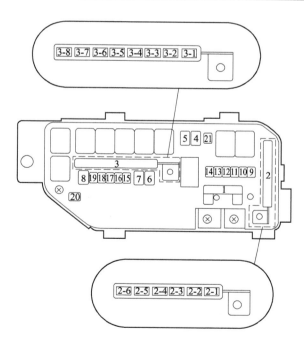

附图 5　发动机罩下熔断丝/继电器盒部件熔断丝索引

熔断丝编号		安培（A）	所保护的部件或电路
1	MAIN	100	蓄电池、电源
	AS F/B	40 *1	乘客侧仪表板下熔断丝/继电器盒
		60 *2	

187

续上表

熔断丝编号		安培（A）	所保护的部件或电路
2	2-1	未使用	—	未使用
	2-2	VSA FSR*1	40	VSA 调节器-控制器单元（FSR）
	2-3	VSA MTR*1	30	VSA 调节器-控制器单元（MTR）
	2-4	ASF/BOP	40	乘客侧仪表板下熔断丝/继电器盒
	2-5	未使用	—	未使用
	2-6	未使用	—	未使用
3	3-1	IG MAIN	50	驾驶员侧仪表板下熔断丝/继电器盒
	3-2	DRF/B	40*4	驾驶员侧仪表板下熔断丝/继电器盒
	3-3	ASLT MAIN	50	乘客侧仪表板下熔断丝/继电器盒
	3-4	DRF/B	60*3	驾驶员侧仪表板下熔断丝/继电器盒
	3-5	DRLT MAIN	40	驾驶员侧仪表板下熔断丝/继电器盒
	3-6	MAIN FAN MTR	30	散热器风扇电动机
	3-7	WIPER MTR	30	继电器电路板（发动机罩下熔断丝/继电器盒中）
	3-8	未使用	—	未使用
4			40	后窗除雾器
5			20	继电器电路板（发动机罩下熔断丝/继电器盒中）
6			—	未使用
7			—	未使用
8			40	鼓风机电动机
9			15	驾驶员侧 MICU（危险警告）
10			20	制动踏板位置开关、喇叭继电器、喇叭
11			30	前照灯清洗器电动机*5
12			—	未使用
13			15	点火线圈继电器、点火线圈
14			15	A/F 传感器、ECM/PCM（SUBRLY）、PGM-FI 辅助继电器
15			10	音响单元、音响-HVAC 显示单元、礼貌灯、数据连接器、车门多路控制单元（电动车窗总开关）、驾驶员侧 MICU（VBU）、仪表控制单元、发动机防盗锁止无钥匙控制单元、乘客侧 MICU
16			7.5	顶灯、点火钥匙灯、阅读灯、行李厢照明灯、化妆镜灯
17			15	CKP 传感器、CMP 传感器、ECM/PCM（CTCSRLY）、ECM/PCM（IGP）、ECM/PCM（IMOFPR）、ECM/PCM（MRLY）、ETCS 控制继电器、喷油器、MAF 传感器、PGM-FI 主继电器 1（FI MAIN）、PGM-FI 主继电器 2（FUEL PUMP）
18			15	ECM/PCM（VBETCS）
19			—	未使用
20			7.5	空调压缩机离合器
21			7.5	继电器电路板（发动机罩下熔断丝/继电器盒中）

注：*1：带 VSA。

*2：不带 VSA。

*3：带电动座椅或天窗。

*4：不带电动座椅和天窗。

*5：带前照灯清洗器。

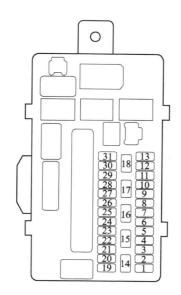

附图 6 驾驶员侧仪表板下熔断丝/继电器盒部件熔断丝索引

熔断丝编号	安培(A)	所保护的部件或电路
1	—	未使用
2*1	7.5	前照灯调平电动机、前照灯调平控制单元
3	15	清洗器电动机继电器电路(乘客侧仪表板下熔断丝/继电器盒中)
4	7.5	继电器电路板(发动机罩下熔断丝/继电器盒中)
5	7.5	自动调光车内后视镜、倒车灯、驾驶员侧 MICU、仪表控制单元、乘客侧 MICU、雨水传感器*2、倒挡继电器电路(驾驶员侧发动机罩下熔断丝/继电器盒中)、换挡锁止电磁阀(A/T)、TPMS 控制单元(带 TPMS)
6	7.5	ABS 调节器-控制器单元、前照灯调平开关*1、VSA 调节器-控制器单元、横摆速度-横向加速度传感器
7	15	CMP 传感器 A、电气负载检测器、发动机支座控制电磁阀(A/T)、EVAP 碳罐净化阀
8	—	未使用
9	20	ECM/PCM(燃油泵)、燃油泵、发动机防盗锁止无钥匙控制单元、PGM-FI 主继电器 2(燃油泵)
10	10	ECM/PCM(VBSOL)
11	10	SRS 单元
12	7.5	OPDS 单元、SRS 单元
13	—	未使用
14	—	未使用
15	—	未使用
16	7.5	音响-HVAC 显示单元、空调控制单元、车门多路控制单元(电动车窗总开关)、驾驶员侧座椅加热器开关、前排乘客侧座椅加热器开关、HVAC 控制单元、后窗除雾器继电器
17	7.5	驾驶员侧 MICU(ACC KEY LOCK)
18	7.5	附件电源插座继电器、音响单元、音响-HVAC 显示单元、点烟器继电器、点火钥匙开关(A/T)

续上表

熔断丝编号	安培(A)	所保护的部件或电路
19	20	驾驶员侧电动座椅滑动电动机、驾驶员侧电动座椅前部上下调节电动机
20	20	天窗控制单元/电动机
21	20	驾驶员侧电动座椅靠背倾角调节电动机、驾驶员侧电动座椅后部上下调节电动机
22	20	驾驶员侧MICU、左后电动车窗开关(左驾驶车型)、右后电动车窗开关(右驾驶车型)
23	15	点烟器继电器、点烟器
24	20	车门多路控制单元(电动车窗总开关)
25	10	驾驶员侧车门门锁执行器、左后车门门锁执行器(左驾驶车型)、右后车门门锁执行器(右驾驶车型)、行李舱盖开启执行器
26	10	驾驶员侧MICU、左前雾灯(左驾驶车型)、右前雾灯(右驾驶车型)
27	10	驾驶员侧MICU、左前示廓灯(左驾驶车型)、牌照灯、右前示廓灯(右驾驶车型)、尾灯
28	10	驾驶员侧MICU(H/L HI)
29	7.5	TPMS控制单元(带TPMS)
30	15	驾驶员侧MICU(H/L LO)
31	—	未使用

注:*1:带前照灯调平控制系统

*2:带自动刮水器

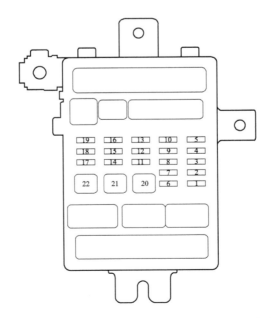

附图7 乘客侧仪表板下熔断丝/继电器盒部件熔断丝索引

熔断丝编号	安培(A)	所保护的部件或电路
1	10	乘客侧MICU(H/L HI)
2	10	左前位置灯(右驾驶车型)、乘客侧MICU、右前位置灯(左驾驶车型)
3	10	左前雾灯(右驾驶车型)、乘客侧MICU、右前雾灯(左驾驶车型)
4	15	乘客侧MICU(H/L LO)
5	—	未使用
6	7.5	环境照明灯[2]、A/T挡位指示板灯、空调控制单元灯、驾驶员座椅加热器开关灯、前排乘客座椅加热器开关灯、杂物箱灯、危险报警闪光开关灯、前照灯调平开关灯、前照灯清洗器开关灯、HVAC控制单元灯、天窗开关灯、转向盘开关灯、VSA OFF开关灯
7	—	未使用
8	20	前排乘客侧电动座椅倾角调节电动机
9	20	前排乘客侧电动座椅滑动电动机
10	10	前排乘客侧车门门锁执行器、左后车门门锁执行器(右驾驶车型)、乘客侧MICU、右后车门门锁执行器(左驾驶车型)
11	20	左后电动车窗开关(右驾驶车型)、乘客侧MICU、右后电动车窗开关(左驾驶车型)
12	15	附件电源插座继电器、附件电源插座
13	20	前排乘客侧电动车窗开关
14	—	未使用
15	20	立体声放大器[3]
16	—	未使用
17	—	未使用
18	10	驾驶员侧腰部支撑电动机
19	15	驾驶员座椅加热器、前排乘客座椅加热器
20[1]	30	ABS调节器-控制器单元(ABS FSR)
21[1]	30	ABS调节器-控制器单元(ABS MTR)
22	—	未使用

注:[1]:不带VSA。

[2]:带天窗。

[3]:带高级音响系统。

参 考 文 献

[1] 李春明.汽车电路读图[M].北京:北京理工大学出版社,2009.
[2] 宋波舰.汽车电气设备[M].南京:江苏教育出版社,2011.
[3] 谢永东.汽车电子控制系统检测与维修[M].南京:江苏教育出版社,2011.
[4] 郭建樑.轻松识读与绘制汽车电路图[M].北京:机械工业出版社,2012.
[5] 倪爱勤.汽车电气[M].北京:机械工业出版社,2011.
[6] 张仕寅,李守纪.汽车电气构造与检修[M].北京:外语教学与研究出版社,2011.
[7] 王显廷.汽车电气系统检修[M].北京:机械工业出版社,2013.